JN062694

はだの風土記

岡　進

はだの風土記　目次

第五章　首の行方　131

第一章　土着の古代人と古層の神々

縄文中期の大集落跡

戸川の新東名高速道路サービスエリア工事で縄文時代中期の大集落跡が発見された。その稲荷木遺跡から信州の縄文遺跡から出てきたような注口土器、釣り手土器そして土偶が現れた。縄文のビーナス、仮面の女神を尖石縄文考古館（茅野）で見たが、こちらは縄文の眼鏡シャーマンである。もしかしたら鬼道をあやつり、人心を掌握していたかもしれない。直ぐ近くの菩提横手遺跡から出た中空土器と言い、八ヶ岳山麓から出た国宝や重文土偶と比べて少しも遜色がない。岡本太郎さんが頭をよぎったのはその顔が万博の太陽の塔を彷彿させたからかもしれない。顔以外が見当たらなかったのはバラバラだったから。壊れたのでなく、壊され埋められたのだ。壊されるのは土偶の宿命である。きっと今ごろ、パズルのように割れた部品をつなぎ合わせる復元作業をしているに違いない。

古層の神が現れる

その素晴らしい芸術品とともに巨大な石棒が現れた。国家が成立する以前、お社のない「古層の神」の世界だが、それは災いの侵入を防ぐ道祖神としての意味以上に、「母なる大地との聖なる婚姻」と捉える方が人々の祈りに叶っている。彼らも植物の発芽、生育が大地だけの力ではないこと、太陽の光、風、大地を潤す雨、ありとあらゆる宇宙の事象が、植物の生命を司る霊力を持っていることを知っていた。

神は宇宙に偏在していて、岩や木を依代（よりしろ）にして出現する。だからこそ、どこからともなく、降りて来て、石棒に宿った精霊が、大地に力を与えることで、生命が生じ、成長する、と信じた。神は見えない隠れた存在だが、人知をもって推し量れない能力を持っている。

縄文中期に登場した石棒は、初期は神が降り立つ依代として集落の中央に鎮座（ちんざ）した。それが中期中庸、そして後半は何故か小さくなり、石柱になってしまった。神は見えない存在であり、小さくとも構わないが、あまり小さくては気づいてもらえない、と心配した縄文人はぬかりなく、より多くの恵みを得んとして大木、石壇とのセットを考え出した。樹木なら年々育つ。大木なら神霊が迷わず、加えて降り立つにふさわしい。石の持つ恒久性から石信仰、また木の持つ強靱な生命力、再生力への畏敬（いけい）が古代人に樹木信仰を育ませ、大木は神の降りる勧請木（かんじょうぼく）、石棒は神の宿る降臨石（こうりんせき）となった。

噴火したら逃げればいい

狩猟採集の縄文は、一万年は続いたとされる。とはいえ八ヶ岳山麓の井戸尻（いどじり）（長野県富士見町）の縄文人は、甲府盆地の先で昼も夜も赤く燃える富士を見ていた。約五千年前、新富士火山の活動がはじまり、噴火して今の美しい円錐形の富士山が出来上がった。秦野盆地にはその噴出物が降り注ぎ、二一メートル程度降り積もり層をなした。今の大地の黒土層がそれ、通称赤土のローム層の上に層を成している。富士山はその後少なくとも十八回は噴火している。

どこかに行っていた戸川の縄文人が山麓に戻ってきたのは、悠久の時を経て、大地に緑が戻り、動物も虫たちも帰って来てから、発掘現場に、ローム層を抉った狩猟罠の落とし穴があった。氷期が行き高温期が終わり、季候が冷涼化していた。「時代による植生の移り変わり」（安田　一九八〇）によれば、この時代、五千年前ころ丹沢の南麓の潜在植生は照葉樹林帯の北限になってはいるが、戸川にはまだクヌギ、コナラ、クリなどの落葉広葉樹林が広がっていた。

火山はおさまった。豊富な栗、クルミ、ドングリなどの堅果類、山芋などの根菜類そして根茎類、茸などの森の資源が定住を可能にした。土器を見る限り、戸川は八ヶ岳山麓の文化圏内といえる。山芋など根菜そして近くを流れる水無川の川魚を煮炊きする土器を森の土で作った。急須のような注口土器は素晴らしい一品である。水無川は途中で伏流して流れが消えるため、大物の魚の遡上はなかったが、ヤマメ、カジカ、アブラハヤなど小魚は豊富であった。富士や箱根が噴火したらどこかへ逃げれば良い。大きな社会を作ることなく、環境を荒廃させることなく、汚物にまみれることもなかった。

戸川稲荷木には、遺跡の大きさから言って、かなりの人がいたと思われる。狩猟と採集だけで食が足りたのか心配になる。農耕の一種が行われていたのではないかと縄文農耕論を展開したのは諏訪の藤森栄一氏である。当時は猛反撃をくったようだが、縄文中期の荒神山遺跡からアワらしき栽培植物が発見されたようだ。同時期、同文化圏の戸川稲荷木遺跡はいかに。

争いを避けた縄文人

人は自然の中で豊かに暮らした。ようやく平穏な日々が戻って来た。しかし、次なる試練が待ち受ける。農耕民が九州から東進し始めたのだ。戸川の縄文人は自分たちの将来の危機が近づいていることを未だ知らない。日本人の起源を探る現代のゲノム分析は九州に水田稲作を伝えた渡来系弥生人が列島中央部に広がり、縄文人との混血が進み混血は古墳時代まで続いたと解析する。

弥生人の進出が分岐点になった。水田稲作を覚えた人たちがこの地に残り、新しい生活になじめず、受け入れず、混血を嫌った人たちが北へ別れて行った。食料採集民縄文人は山裾、弥生人は川の下流、伏流水がわき出す辺りに集落を作ったが、それでも、狭い地域での共生には無理があった。

世界中、どこでも狩猟民族と農耕民族はライバルであった。戸川の縄文人はモンゴルやスキタイとは違い遊牧民ではなく、軍事能力が備わっていなかった。争いを好まない、心優しい縄文人がこの地を去った。

農耕民がやって来る

気候の変動により落葉広葉樹は北上、内陸に移動したので、潜在植生であるカシの林が広がり始めていた。そこへ農耕民がやって来て、カシの林を伐採した。おかげで戸川の縄文人が維持してきた林が現れた。夏緑林、雑木林の復活である。カシの森は炭や薪になり、伐採後は冬には葉を落とす落葉樹が先駆種として育った。木の実を求めた縄文人と違い、農耕民が求めたのは冬の太陽、煮炊きに必要な薪、肥料になる落葉だった。

クヌギ、コナラなどは人手が必要な二次林である。日影では育たない樹種ばかり、放置すると遷移(せんい)が進み、この辺りでは、遷移の最終段階の照葉樹林になってしまうが、農耕民は堆肥作りのため雑木林をよく管理した。今に残る里山である。冬、枯れ葉を集めては発酵させて堆肥を作り、稲の生長を促した。

潜在植生の照葉樹とは、常緑広葉樹で、カシ、シイ、クスノキや、ツバキ、モチノキ、サザンカなどがそれ。ツバキの葉を想像すればよく、熱くて堅くテカテカ光っている。冬になっても葉を落とさないから、鎮守の森のように一年中薄暗いまま、光を通さない。

農耕が始まった

縄文期は約一万二～三千年前から二～三千年前まで約一万年続き、その後農耕民の弥生時代へと移行した。視野を世界に広げると、いわゆる古代文明発祥の地である中国やインド、チグリス・ユーフラテス川、ナイル川の流域、そしてギリシャにも、縄文よりはるかに高度な文明が存在していたと言われる。釈迦も孔子もプラトンもアリストテレスもそろそろ登場する年代である。いや、同時代かもしれない。この違いは何なのか。我々日本人の先祖は劣っていたのか。

とはいえ五百万年の人類史においてはまさに微(かす)かな違い、現代型新人ホモ・サピエンス約十五万年の歴史においても差と言えるほどものではない。四百九十九万年の間、人類は農耕を行わなかった。気候の変動でもあったのか最後の一万年前に突然、農耕を始めた。そしてこれまでの四百九十九万年もの歴史とはまったく違った方向に歩み始めた。

人類は農耕をすることによって、物を溜めることを覚えた。他人より、たくさんの穀物を貯蔵すれば、より豊かになった。その富を背景にして、人間が人間を支配出来ることを知る。農耕は富への欲望と、支配への欲望をかき立てた。得ることは失うこと、一旦知ると、もう後戻りが出来なかった。

富と支配への欲望に、残忍性を強く持った利己的遺伝子が加わった。そして、権力欲しさに殺し合う、それまでのいかなる地上の生物もなしえなかった社会を構築する。西洋文明の出発点である。

富への執着、支配への欲望

前述したアリストテレスのギリシャにはすでに奴隷制度があった。使役は全て奴隷が行い、自由市民は暇で思索の時間が充分にあり、プラトンもそしてアルキメデスも時間をもてあましていたようだ。アリストテレスなど「奴隷は支配されるように生まれついた不完全な人間であるから、市民が奴隷を所有することは当然」とし、「またそのような奴隷を獲得する戦争は、狩猟で獣を捕らえるのと同じ自然な行為」としていたようだ。都市国家に奴隷は必要と肯定する主張であり、富を背景とした支配が早くも大手を振っていたことになる。ほんのわずか早く、溜めることを知った人が、遅れた人を従えた。他人の苦しみが分からなくなってしまった。弱者は全て排除、共生はない。これは人間の性（さが）のようである。強者はどこまでも傲慢になり、弱者は食い繋（つな）ぐのがやっと時代が限りなく続く。

ギリシャと戸川の違いは農耕

戸川の縄文人は、効率にも計画にも縛られることなく心の赴くままに動物を追いかけ、必要以上に獲ることはなかった。平等社会だった。後の世の判断基準ＳＤＧｓ、「持続可能な社会」を知っていたのかもしれない。クリやクルミの実が、芽を出し、成長するのを、木を伝って降りて来る精霊とともに見守っていた。その木がやがて大きくなり、秋ともなれば実をつけ、それが食料になること、アク抜きをすれば美味しく食べられることも知っていた。栽培の前段階、もしくは全くの初期である。溜めるに至っていない。他人を傷つけることも、権力欲も無く傲慢（ごうまん）なところもない。

アテネの奴隷市場に送られてくるのは未開の地の蛮人であったという。一足先に他人よりたくさんの穀物をため込んだだけで、他人の心の痛み、苦しみを知らない傲慢さが現れている。戸川の縄文人は蛮人か、いや、あれだけの土器、土偶が作れる心優しい文化人が蛮人であるわけがないが、歴史家が画一的な物差しを当てると蛮人になってしまうかもしれない。画一的な歴史なんてその程度だ。石の建物と違い、木と藁で作った建物は残らなかった。証拠がないと言って、文明がなかったとは言えない。

ギリシャと戸川の違いは何かと言えば、「農耕」である。ギリシャは麦作、牧畜を始めており、戸川はその直前段階である。蓄えることを知ったギリシャの農耕民は、蓄えそして人を支配しポリスを作った。西洋文明は以後まっしぐら、富のため、権力欲による殺し合いが果てしなく続く。

森の神とギルガメシュ王の戦い

「ギルガメシュ叙事詩」は五千年前にシュメール人によって粘土板に書かれた物語である。鳥の足跡のような文字で物語が書かれている。説明がなければ文字であることすら分からない。もう二十年も経つが児童文学の体裁で『森の動物たちの反乱Ⅱ　ドンドンのフンババ大作戦』（夢工房）を出版した。ギルガメシュに関する部分を引用しよう。森の動物たちが知恵者フクロウに人間の悪行を尋ねる場面だ。

「人間が文字を使って最初に書いた物語はな、人間と森の神様の戦いの話じゃった。五千年前、くさび形文字で粘土版に書かれた世界最古の叙事詩がそれだ」

「へえー、そうなの」

「そうじゃ。メソポタミアのギルガメシュ王が森の神フンババに戦いを挑む話じゃ。王は、人間は長い間自然の奴隷であった、この状態から人間を解放しなければと考えた」

「馬鹿みたい。追い返されるに決まってるわ」

「人間の欲望で美しい森が汚され、破壊されるのを防いできたのが森の神様フンババだったのよ。その美しい森に斧を持ったギルガメシュがやって来て木を切り倒すものだから森の神様フンババが口から炎をはき出しギルガメシュに襲いかかる」

「良いぞ、それいけ」

「しかし、森の神フンババは頭を切られて殺されてしまう」

「なーんだ。がっかり。神様が王様にころされるの？」

「文明は森を破壊して発展することを言いたいのだな。ところが森を破壊して出来た文明は結局、滅亡の道を辿ってゆく」

「そうよね、メソポタミアもギリシャもインダスも」

「その後も人間は何度も何度も同じ過ちを繰りかえしてきた、それでも懲りないのじゃ」

森を破壊してパンデミック

西洋文明は、森を都市の敵として破壊し発展し続けた。そこに人間も生態系の一員である謙虚さはなかった。長い歴史の中では自然のしっぺ返しを受けたこともある。

中世温暖期の後の寒冷期に入った一三四八年、ペストが大流行、瞬く間にヨーロッパ全土に広がり、三〜四人に一人が亡くなった。有史以来最悪のパンデミックである。温暖期に森林を破壊して開墾し、菌を運ぶネズミの天敵であるフクロウ、オオカミなどを殺戮し続けた人類への緑の逆襲であった。人が少なくなり、農耕地、開墾地は放棄せざるを得なくなり、森が蘇った。

自然の報復が成功したかに見えたとき、厳しい自然に立ち向かう近代ヨーロッパ文明の精神を支えた思想家が現れた。デカルトやベーコンである。しかし、ゆき過ぎた自然コントロールの反省ではなく、人間と自然を峻別して、自然を客観的に研究する自然科学の知識により、自然を征服する技術を持とうとする思想だ。

西洋の人間主義は人間に万物の支配者たる絶対的地位を与えてしまった。その実行で森林は単なる生産技術の対象、「物」としての地位に落とされる。自然征服の技術が飛躍的に進み人間は自然から、それまでの人間が到底考えられないような豊かな富を生産した。

その代償が地球環境の破壊だった。森を破壊し、利用した後その跡地に家畜を放牧すればさらに多くの収入が得られた。

人間が生態系の一員である、と考えないのは古代中国も同じだった。万里の長城のレンガや兵馬俑を焼くためにどれだけの森林を灰にしたことだろうか。中華料理は油をたくさん使い火で炒める。火力を支えるのは薪である。チベット高原にはトウヒやカバノキ、黄土高原にはナラや松の混交林が広がっていたようだが、ひとたび山を裸にしたことで二千年以上荒涼たる黄土高原のままである。春先、黄砂は日本にまで飛んでくる。二〇〇〇年代のコロナウイルスによるパンデミックその前のサーズも中国が発生源だった。

さて弥生人に新しい生き方、水田稲作を学んだ山麓の人たちはアテネ人のようには、傲慢にならなかった。森を大切にした縄文人の思いを引き継いでいた。羊や山羊などの家畜は中国、朝鮮半島まで来ていたが、森や草原を破壊する元凶である家畜を他の理由もあったと思われるが、受け入れなかった。牛、馬、豚、犬そして鶏の肉食が禁止となり明治まで続く。縄文人の食習慣であった猪や鹿はもちろん食べた。タンパク質は魚にも求めた。農耕民は自分も自然の中、生態系の一員であると意識していた。

日本書紀成立一三〇〇年

紀元前三世紀から三世紀ぐらいまでが縄文期の次の弥生時代である。古代文明の地と比べると文明的にははるかに遅れた地であった。六世紀以前は謎に包まれている。

ちょうど上野の東京国立博物館で日本書紀成立一三〇〇年特別展「出雲と大和展」をやっていた。令和二年二月半ば新型コロナの影響で展観が中止になってしまったが、行ったのは戸川の稲荷木遺跡を見る三日前のことである。

人であふれていた。特別のメッセージはなかったが、帰りの電車の中で気がついた。あの「出雲大和展」は後から列島にやって来た少数派の農耕民が、縄文文化を作り上げた原日本人である狩猟採集民を追いやり、祟(たた)りを畏(おそ)れ、その神々を出雲の地に隔離して一三〇〇年、その記念展だったのだ。以後は支配の意志のもと歴史書が作られた。意志があれば事実は歪む、古事記にせよ日本書紀にせよ真の狙いを探りながら読むと面白い。

天つ神、国つ神

記紀（日本書紀と古事記）は史実と神話が入り混ざっている。神話は神々を「天つ神」と「国つ神」に分け、土着の神々が国つ神、外からやって来たのが天つ神である。天皇家の祖先神を頂点として八百万神を序列化して天皇が外の豪族と違う存在であることを示している。アマテラスがいる高天原から、支配者となる天つ神が降りて来るのが天孫降臨、国譲り神話である。

物語の内容は、大国主命（おおくにぬしのみこと）がこの国を治めていた。ところが天つ神アマテラスは、葦原中国（あしはらなかつくに）はわが御子が統べるべき国であるとして使者を出す。そして協議が始まる。大国主命は後継者の一人であるコトシロヌシに相談したところ、「畏（おそ）れ多いこと、この国は天つ神の御子に奉りましょう」と言う。

もう一人の子タケミナカタは、「俺と力比べだ」とアマテラスの使者である天つ神、タケミカヅチに挑んだのである。しかし力に明らかな差があった。タケミナカタは科野（しなの）の国、諏訪の海に逃げ出してしまう。大国主命はやむなく天孫ニニギに国を譲る。国譲りである。

天孫ニニギノミコトのひ孫が神武初代天皇である。そして、その子孫が代々、天皇として日本の国を統治することになる。戦前の教科書には、この神話が歴史的事実として載っていたようだ。

国家編纂の歴史書

この神話は皇室の尊厳を表していると本居宣長や津田左右吉は説く。確かにそうだが、それだけでなく皇室メンバーが外からやって来た一族であることもこの神話は表している。支配者と国民は、もともと神が違う、生まれが違うのだと。日本書紀は天皇の命令によって編纂された歴史書である。支配の意志のもと、臆することなく自らの正当性を表明しており、勝者による歴史が顕(あらわ)に叙述されている。この書物が完成するや、以前に語られていた様々な歴史の言説は消えてしまった。

卑弥呼や邪馬台国、倭国大乱など二〜三世紀の出来事は大陸の史書に触れられていることから歴史的事実と推測されるが、古事記にその記述はない。まさに過去をも支配してしまった。ここに書かれたことが唯一、日本の歴史記録として存在することになる。追われた側は、闇(やみ)の世界に沈んでしまった。記紀は、征服民族である天つ神が、国つ神を征服する過程を神話に反映させた。

さらにその神々の世界が律令制により組織化された。『延喜式』に神名帳に記載されている神社が「式内社」になり統合されてゆく。

一方で戸川の縄文人が平穏と生産を願って額(ぬか)ずいた石棒に降り立った神、どこからともなく姿を現わし、どこへともなく姿を消した精霊。大地や森の中に棲み、樹木を伝って人の祈りを聞いた精霊は隠れてしまった。

神話の背景

「出雲、大和展」の中に出雲の荒神谷遺跡から出土した大量の青銅器の剣（レプリカ）が展示されていた。戸川の縄文人は翡翠や黒曜石は持っていたが青銅器は出土していない。年代が違うこともあろうが、あの青銅器は縄文人、土着民には似合わない。きっと外からこの国にやって来た先着の農耕民なのだろう。そして時代を経た後、また外から今度は鉄を持った農耕民がやって来る。

弥生時代は、放射性炭素年代測定による結果から、紀元前十世紀に始まるとされているようだ。そして北部九州から東進北上が始まる。

初めのうちは棲み分けが出来ていた。生き方が違うので争いにならなかった。ところが窮屈になると、かわいそうに、先にこの島に着いた弥生人とともに東へ北へと押し出されてしまった。戸川の縄文人の辿った道である。鉄器は強靭で、今まで開墾できなかった荒れ地を耕作地に代えていった。効率や計画に抑えられることなく、心の赴くままに生きてきた縄文人は生産性が低い。争っても勝てなかった。

追い払われた狩猟採集民

国譲り神話には、こうした歴史的事実としての背景があった。外とは高天原ではない。これは暗喩、メタファである。まさか円盤にのって宇宙の彼方からやって来たＥＴではあるまい。近くの大陸である。その天孫族に土着の支配者タテミナカタだけでなく、狩猟採取民族である土着の民も追い払われてしまった。どこからともなく姿を現わした精霊もいずこかに隠れた。

支配の意志のもと編纂された歴史書により、どちらが原日本民族なのか分からなくなった。タテミナカタは後に帰順するが、大和政権に従わない原住民は不逞（ふてい）の徒として追われ続けることになる。自主規制かテレビは放映しなくなったが、初期のアメリカ西部劇は、騎兵隊が原住民を追い詰める場面を一つの逸話にしていた。アメリカは建国以前の北アメリカの歴史を拒否した。先住民の歴史をアメリカ史から抹殺した。同じことを大和政権が千三百年前にやっていた。「前九年・後三年の役」などは、押しやられた人たちの反乱なのだろう。歴史は常に勝者側にある。

くずは峡谷の誕生

戸川から見ればずっと下流、水無川の表流水が盆地内で伏流して消え、再び湧き出す辺りの平沢に弥生人が定住した。水が豊かで稲作の民には適地である。

その頃か、もっと以前か地震が頻発して落合の断層が逆に動いた。横圧縮による逆断層である。その結果、現在の神奈川病院、くずは台、曽屋神社の北側が少し盛り上がり、葛葉川、そして金目川の流れをさえぎった。

三の塔を水源にする葛葉川は菩提を流れ下り、羽根辺りで伏流し、田原で再び流れを作り出すが、その流れの先が高くなってしまった。行き場を失った流れは枝分かれをして一方は丘の北側に迂回、三角山を水源とする数本の流れと合流した。

大山南西斜面に源を発する金目川は蓑毛、寺山を下り、神奈川病院あたりが高くなったため葛葉川と同じで行き先を失った。横圧縮の起点となった落合に抜けるための浸蝕は簡単ではなく、当然一時的には水が貯まり、今の水田地帯は広大な沼地になった。池端という地名はぴったりである。ちなみにこの断層は落合断層と命名されている。

あふれて沼地を作り出すだけでなく、隆起した大地をえぐり、以前の流れを求めて浸蝕、蛇行しながら河床を深く掘り下げ進んだ流れもあった。貫通とともに一つの流れに戻るが、そこは両岸がそそり立つ、複雑な流路の峡谷になっていた。くずは峡谷の誕生である。

ヤマトタケル野火伝説

葛葉川の流れが行き場を失い、一時的であっても広大な沼地を作った。田原の水田地帯である。現在の「池端」の人に何故、池端なのか、池など無いではないかと尋ねると、決まって、田んぼの端だからと返ってくる。だったら田端の方がふさわしいように思うが、字名などにこだわりを持つ人はいない。どうでも良いことだが、これが、もしかしたら、日本武尊の東征伝説、野火伝説の地と思えばロマンが駆り立てられる。あの沼は特定されていない。

古事記によれば、ヤマトタケルが東征で相模国に至ると国造がやって来て、「この草原に大きな沼があり、大変強い悪神が棲んでいる」と言う。ヤマトタケルがその原に入ると、国造は芦原に火を放った。ヤマトタケルが騙されたと知った時すでに遅く、あちこちで炎が舞い上がり、上昇する気流となり、煙が渦巻いた。絶体絶命のヤマトタケルはふと思い出した。出かけに寄った伊勢神宮で、叔母がピンチの時には「これを使いなさい」と手渡してくれた神宝の草薙剣で、草を切り、危ないことがあったら、「この袋を開けなさい」と授けられた袋の中の火打ち石で、草に火を付けた。その火が向かい火となり炎は退き、危機を脱出した。後にオトタチバナ姫が歌を詠む。

さねさし相模の小野に燃ゆる火の火中に立ちて問いし君はも

大意は、相模野に燃える火の中に立った危急の場合でも、私の身の上を案じて、大丈夫かと尋ねて下さった、優しい君が恋しいことよ。と言う意味である。ヤマトタケルは、三浦の走水から船で上総に渡るとき、オトタチバナ姫の入水により海神の祟りを免れている。入水の際に野火遭難を想起して詠まれたものである。

帰路の相模国足柄の峠で、ヤマトタケルは東方の海を望んで、オトタチバナ姫の最期を思われ、「吾妻はや」わが妻よと嘆息された。よって東国を「あづま」と称するようになったという。

小野の「小」は歌の世界でよく使われる接頭語であり、相模の小野とは特定の地ではなく相模国の野原、相模野のことである。ところがこの地域に大きな沼はない。それもそのはず、くずは峡谷の誕生により田原にあった広大な沼は消えてしまったのだ。

三の塔に「日本武尊(ヤマトタケル)の力石」と言い伝えられてきた足跡があり、常に水を湛(たた)えてきた。これはヤマトタケルが喉(のど)の渇きを訴えた同行者に、そばの巨石に踏み込んで水を出したと伝えられ、いかなる日照のときも霊水が涸れることはなかった。石碑があったらしいが明暦年間の地震で埋没したようだ。

喉を潤した一行は、その足で三の塔を駆け下り二の塔を経て三角山を下ればそこは田原である。相模国造が待っていた。そして騙され、野火攻めに会う。東田原から西田原にかけての水田稲作が始まる前、広大な葦(あし)が生い茂る原っぱに火がついた。

日本書紀にもある神話だが、古事記とは異なり、帰路は相模国を通らず、野火遭難も駿河国としている。随所に違いがあるが古事記は国内向け、日本書紀は外国向けという編集方針の違いに原因がある、が通説らしい。峡谷が誕生することで葛葉川の流れは元に戻り、田原の沼もいつしか消えそして伝説も消えた。

第二章

渡来人、徐福・弓月の君・秦河勝

徐福　神仙郷への旅立ち

国家成立以前がぼんやりとして、外国の史書に頼らざるを得ない日本の古代史、地方の農村の出来事など真っ暗闇の中である。卑弥呼や邪馬台国などとともに外国由来のぼんやりとした出来事の一つに、歴史家は否定するが、秦の徐福の話がある。

司馬遷が著した中国で最も古い歴史書である『史記』に、紀元前二一九年、秦の始皇帝の時代に童男童女五百人を含め総勢三千人の集団を引き連れ、仙人と不老不死の仙薬を求めて中国大陸から東方の神仙郷に旅立った一団があったとある。先導したのが秦の始皇帝の命を受けた「徐福」である。

『史記』は中国における最も古い歴史書で、紀元前一〇〇年頃に完成されたものと推定され、学術的権威が高い大著である。

徐福の事件は『史記』の完成わずか百年前の出来事である。司馬遷は当然現地を訪れその信憑性を検証したに違いない。

『史記』には「徐福または徐市は斉の国琅邪の人なり」と記載されている。中国正史のなかで徐福について初めて触れたのは司馬遷であり、『史記』の「秦始皇本紀」および「准南衡山列伝」に取りあげている。

東方海上に蓬莱・方丈・瀛州の三つの神山あり

今から二千二百年ほど前、日本では縄文時代から弥生時代に移り変わろうとしていた時代、秦の時代の中国に「徐福」という人物がいた。身分は、不老長寿の呪術、祈祷、医術、占術に通じた方士である。生まれは始皇帝に滅ぼされた斉の国であった。

絶対的権力者、時の覇王、秦の始皇帝の望みが不老不死であると知った徐福は、東方の遥か海上に蓬莱・方丈・瀛州の三つの神山があり、ここに仙人が住んでいる。そこから皇帝用の不老不死の仙薬を求めて来る、と始皇帝に具申した。始皇帝は徐福の申し出を受け入れ、童男童女五百人、五穀の種子、百工（各種技術者）など総勢三千人を派遣し、不老不死を徐福に託した。徐福は準備を整え、紀元前二一〇年、大船団を率いて山東半島を出航した。

それっきりだった。一行が戻ることはなかった。

平原広沢は富士山か

徐福は、辿り着いた「平原広沢で王としてとどまり帰り来たらず」中国最古の史書、司馬遷の『史記』の記述である。徐福は始皇帝の待つ秦国には戻らなかった。

国作りを担う百工（各種技術者）を含め三千人も定着すれば日本のどこであってもごく短期間で王朝は出来たに違いない。何せ古い、その頃の日本列島に国家はなく、丹沢山麓は縄文時代、石棒に祈りを捧げていた。文字もない。

徐福がたどり着いた先の平原広沢がどこであるか今も分からない。ところが青森県から鹿児島県に至るまで、日本各地にこの徐福に関する伝承が残されている。

蓬莱とは仙境であり、不死山、富士山が似つかわしく、当然のように富士山麓に伝承は多い。その山中湖畔小豆畑から金印が出た。昭和四十九年九月の毎日新聞の夕刊である。小さく、すりきれた角を金色に輝かせ、文字は正確には判読出来ないが、「秦」と読めなくもないが「己大方」と解読されたらしい。新聞の写真を見る限りとても二千年以上も前の印鑑には見えないが、地元の郷土史家は飛び上がるほど驚いたようだ。富士古文書にある言い伝えが立証されるかも、と考えたからだ。宮下文書の世界である。

宮下文書とは、徐福自身が拘わった史書、と伝えられているが、その信憑性については疑いがあり、いわゆる古史古伝で、『古事記』や『日本書紀』などの史料とは違う内容が書かれており、現在の古代史の専門家は偽書のレッテルを貼る。古史三書、三大奇書のいずれにも属する一書である。

富士山が噴火、秦野に移住

そこには、紀元前三世紀に漂着した徐福の一行は、たどり着いた富士山麓に「富士王朝」を建国、壮大な王朝は繁栄、高天原とはこの王朝だったと伝え、その痕跡は富士山の噴火によりすべて失われた、と書かれているという。

山中湖畔の小豆畑から出た金印の方の伝承は宮下文書と違い新聞記事によれば後日談がある。印が出た長池村沖新田地区には徐福の子孫である秦一族が住んでいたが八六四年の富士山大爆発で今の神奈川県秦野市に移住したと伝える。

八六四年の噴火は寄生火山の長尾山から溶岩が水飴のように流出、山腹を下って大室山を取り囲み御坂山地の南麓に達する広大な溶岩原そして山中湖や河口湖を生み出す大規模のものだった。危機感から一族は丹沢山塊を越え安全地を求めた。落ち着いた地が秦野だった。

秦野にその伝承を受けた話がない。九世紀半ばだからありそうだがない。

徐福を気にして地図を見ると、弘法山の南側に「浅間山」があり、隣接した地の小字が文字こそ違うが「宝来山」、「宝来下」そして「白山」とあった。金目川にかかる橋が「逢来橋」であり、コミュニティ会館が「蓬莱会館」である。

蓬莱（ほうらい）は徐福の旅立ちの目的地、東方の神山であり、浅間（せんげん）は主に富士山を信仰対象とする神社である。蓬莱の文字は難しい、宝来と記しても不思議ではない。白山も宮下文書に出てくるイザナミである。伝承があったことを臭わせる。

秦の始皇帝の裔？　弓月君

秦野には、「秦由来」の伝承が多い。「秦」であることから、みな古く、秦の始皇帝の裔弓月君に関する伝承も徐福と同じ紀元前である。『神奈川縣中郡勢誌』は次のように記す。

『新撰姓氏録』によれば、応神天皇の十四年、秦の始皇帝の裔、弓月君が百二十七縣の百姓をひきいて（数千人から一万人規模で）帰化し、仁徳天皇の御代にこれを諸国に分置して機織りの業に従わせ波多氏と称した。幡多郷はそれが集団的に配置された所で、今の秦野地方がこれに当たる。天正年間の郡界改定で大住郡に移管した。

『神奈川縣中郡勢誌』は、秦野町の沿革の章でも同様に秦の帰化人を集団的に配置した故の名称であると記している。当時の人口がいかほどであったか分からないが、渡来した人数が半端でない。一国分ほどと言ってもよいだろう。

秦からでは年数が合わない

秦の始皇帝の後裔（こうえい）と読むだけで、中国から来た、秦国から来たと単純に思ってしまうが、応神天皇十四年は、西暦二八〇年代。始皇帝は紀元前二一〇年没だとすれば、五百年は経過しており、始皇帝の孫の孫では全く年数が合わない。秦を滅ばし漢が国を統一したのは紀元前二〇二年である。秦の滅亡とともに生じた難民だったとしても無理がある。

『新撰姓氏録』は古代日本の氏族の系譜の書で、支配層の家柄のリストである。皇別（天皇家から分かれた氏族）、神別（神々から分かれた氏族）、諸蕃（渡来系の氏族）に分類されるなど支配層の当時の氏族の優劣にもとづいて配列され、秦氏は渡来系の諸蕃にある。天皇家に協力して朝廷の設立に関わったとされており、祖先の権威付けで、出自を秦の始皇帝にまで飛躍させている。「ウチの爺さんの爺さんが、実はあの始皇帝なの」庶民にはよくありそうな話だがこれは日本の支配層の話である。

弓月君は朝鮮半島の「辰韓」からの渡来であった。辰韓は秦韓とも書き、秦の滅亡とともに、秦の王族が人民を率いて華北から半島に逃れ築いた国のようだ。元を正せば秦であり、いずれにしても当時の日本と比べれば文明度は高く、養蚕、機織、酒造りそして土木の職人集団とし日本の国造りに貢献したことは間違いない。

箔がつく秦の始皇帝とは

その名を出せば経歴に箔がつく始皇帝とはどのような人か。この人物の墓が中国陝西省西安にあり、二十年ほど前に訪れた。

墓陵がユネスコ世界遺産であり、取り巻くように兵馬俑坑が配置され、その規模は驚くほど大きい。当時は未だ発掘中であった。二千二百年の時を経て発掘された始皇帝の地下軍団は戦車が百余台、陶馬が六百体、実物大である。武士俑は成人男性の等身大で八千体ある。どれを見ても精巧な素焼きの焼き物、全て一品製作、一人ひとりの姿、形、顔、表情が違う。時を経て、さすがに色落ちしたが元は色がついていた。どれほどの数の奴隷がかり出されたのか、手抜きをしたり、似ていなかったりすれば首が飛んだことだろう。失敗は許されない。

ここを見れば始皇帝の人となりはおおよそ見当がつく。とんでもない暴君と思われる。選ばれた戦士は背が高くどれも屈強そうである。粘土細工は焼けば一割は縮む。縮小することも計算され作られている。と言うことは二百センチの兵士を作っていたことになる。土は？

焼き窯は？温度は一千度近く？　燃料は？　だから砂漠になった、と納得してしまう。稜の周囲は砂漠である。権力は恐ろしい。前出の徐福はこの始皇帝を騙した（と思う）のだから凄い。この人だったら、その子孫だと言えば箔がつく。

化生の者、秦河勝

地名に結びつける「秦由来」の伝説、「徐福」「弓月君」ともう一つある。「秦河勝伝説」である。『神奈川縣中郡勢誌』が東秦野村の伝説として紹介するが、史実としてはすべからく否定的である。

秦河勝なる人物は、弓月君と一緒に渡来した部族の子孫の秦氏の一員といわれ、聖徳太子側近としての活躍はよく知られている。ここでも秦の始皇帝が登場する。

『神奈川縣中郡勢誌』は、伝説を次のように紹介する。

「秦河勝と蓑毛　秦河勝が蓑毛に来て大日堂境内に五大尊を守護していて、墓碑が現存するという。今その墓石と言うものを見るに、方形の基壇の上に方柱を立てその上に宝珠が載せてあり、早くから亡失しているが、方柱と宝珠との間に宝形の笠があった筈であるから、笠塔婆というものでその存在が鎌倉中期以前には、さかのぼり得ないものである。

墓石の表面は風化が甚だしくて、文字は不明であるけれども、現在の位置が不動堂正面の石段を登ると、すぐ左側の通路に面する地点であることから、考察するにいわば不動堂の標示とも見るべきもので、塔身の正面には不動尊の像か又は種子（佛体を表す梵字）が彫刻されていた筈であって、河勝の墓碑というは全く伝説に過ぎない。

　最後に伝説自体を検するに相模風土記千代満坊の条に天平勝宝七年良弁が大山に来たときに従えて来た三童子の一人千代満の後裔（こうえい）が大山寺の神家になって、内佛に五大尊を置いたというのであるから、河勝がこれを守護するためには天平勝宝七年以後何年か生存することを前提としなければならない。蘇我物部合戦時、聖徳太子は十四歳、秦河勝は軍の参謀であって太子より年長である筈である。仮にこのとき二十歳としても一六八年後の天平勝宝七年には一八八歳になる、年代的に否定される。」

　ちなみに蘇我物部合戦は丁未（ていみ）の乱、仏教か神道か日本の宗教戦争と言われる内乱のことである。「ゴミ屋敷に仏教伝来」と覚えたから五三八年、「号泣、みな祝福」の聖徳太子摂政になる五九三年の間だ。確かに年代的に無理があるようだ。編集者のコメントはない。

消えゆく伝承・伝説

かくして、この地と秦河勝の関わりは史実としては否定されてしまった。郷土のその後を知る者は、信じる方がおかしいという。確かに、これは本当に、大昔からの言い伝えなのか。真実、想像も出来ない遠い先祖の代から語り継がれ、信じられてきた言い伝えなのか。確かめようがないが、なぜか気になる。

歴史が正確になればなるほど、科学知識が普及すればするほど、言い伝えを真に受ける人は少なくなる。「弘法の清水」などその代表と言える。

弘法の清水・水無川の伝説

「見慣れぬ旅の僧がやって来て、洗濯をしていた娘さんに、水を所望した。娘さんは洗濯を中断して、遠くの井戸まで水を汲み出て行った。汗を流して、ようやく帰って来た娘さんは、今朝汲んで置いた水がなくなったので遠くの水場まで汲みに行って来たという。これを聞いた僧は、それは気の毒にと、持っていた杖をその場に突き立てた。すると清水がたちまち湧き出した。今もこんこんと湧き、村じゅうの人が汲みにやって来る。旅僧は弘法大師、空海だった。」

この話など、子供のころは筆者も多分信じていた。「臼井戸（うすいど）」では、近くに水のない川があるにも拘わらず確かに清水がこんこんと湧き出ている。しかし、現在はこの言い伝えを語る人が、信じていない。全国津々浦々に同じような話があることを知っているからだ。弘法大師が出世するずっと前から各地の風土記にこの話がにあったそうだ。

意地悪な船頭を懲らしめるために杖を突いて川の流れを消した「水無川伝説」の方は科学知識の普及が不思議さを奪ってしまった。秦野盆地は複合の扇状地となっている。扇状地は急流河川が広い平坦地に出たとき、流れが弱まることで運んできた土砂が扇状に堆積する。水量の少ない時、水は河床に浸透してしまう。下流で再び現れるがその間、水がない。今はこの程度の地質知識は子供にもある。意地悪な船頭を懲らしめるため、などと言えば笑い者になってしまう。

合理的な根拠のない言い伝えを人は伝えない。『秦野市史・民俗編』に昭和六十二年に採取した伝説が百話、掲載されている。採取方法に違いがあると思うが「秦河勝」も「弓月君」もない。昭和二十八年に発行された『神奈川県中郡勢史』には二つともあり、郷土を考える、よすがとなっていた。昭和二十八年から六十二年までの間、情報伝達は手段にパソコンが加わることで格段の進歩を遂げている。歴史知識も民衆化した。

とは言え、合理的でない、根拠がないと切り捨てにすると田舎の古代は亡くなってしまう。意識的に残さなければみな消えてしまう。

伝説、伝承は間違いなく信ずる人がいた。もしかしたら、時代によっては百%の人が信じていたかもしれない。信じる人たちがいてその時代の社会は成り立ち、動いていた。時代が変わって、それはおかしな話だ、と切り捨てる方がおかしい。歴史はその人その人が受け取ったものが歴史、その人の歴史である。分からないものを、自分がこうだと思ってみれば、それがその人の歴史なのではないか。

おそらく中世以後、全国に類型化され残った伝説は旅芸人、巫女（みこ）、聖（ひじり）、傀儡（くぐつ）、瞽女（ごぜ）その他道みちの輩などによって運ばれ、そして地域、時代に合わせて面白おかしく脚色され、伝播したのだろう。今その役割をインターネットがし、不気味な合理的とは思えない都市伝説などをしきりに発信する。

言い伝えが次の世代に繋（つな）がるのはすべて、面白く、意味があり、有名で、不思議なものである。

おシャグチさん

秦河勝がこの地の伝説の人になり得たのは不思議である。彼は「知る人ぞ知る人」である。仁徳天皇に御代に、帰化人が集団で定住した地に着いた地名は幡多郷であり、氏は波多氏である。四百年後、秦野の人が「秦」を意識するなら分かるが当時の民衆はおそらく誰も知らない。考えられるのは、ごく一部の人たちの言い伝えが近代になって文章化され、再生された。

もしくは、「知る人ぞ知る」秦河勝が芸能の神であることだけだ。芸能の神は前述の旅芸人、巫女、瞽女などに繋がっている。

『本朝神社考』大荒大明神の項に秦河勝の不可思議な生い立ち化生（けしょう）にふれている。「欽明天皇のとき、大和国泊瀬の川洪水の折、流れて来た大きな壺が三輪明神の鳥居の辺で止まり、中に玉のような赤ん坊がいた。その夜、天皇の夢に赤ん坊が現れて、自分は秦の始皇帝の生まれ変わりであると言った。子供は宮中に召し出され、〈秦〉の姓をもらった。これが秦河勝である」

似た話が世阿弥の「風姿花伝」にある。聖徳太子の時代、物部守矢の反乱があり政情が不安定であった折、紫宸殿で河勝が神楽を上演、すると政情は安定して国は静かになった。太子はその神楽を、神の字をわけ、申楽と名付けた。

化生の話の後半は、漢字が難しいので『風姿花伝』から引用する。

「河勝は、化生の者は、痕跡は留めないと、難波の浦から、うつぼ船に乗り風任せに漂流、播磨国の坂越（さこし）の浦に流れ着く。漁師が引き上げると、人の形に変じたが人に憑（つ）いてすさまじい猛威をふるった。そこで人々がこれを神として祀（まつ）ると、ようやく穏やかに成り、かえって国は栄えた。この神は大いに荒れると書いて「大荒明司」と名付けた。要約すると秦河勝が申楽の始祖であること、最後の流れ着いた坂越の浦、そこで大荒大明神になった。

読者は話の展開に戸惑っているかもしれないが、この秦河勝と次に出てくるシャグチと結びつく。

巨大石棒が出土した戸川稲荷木遺跡と同じ山裾、横野地区の人の話が『秦野市史　民俗編』信仰の章「その他の信仰」に載っている。

「横野に『おシャグチさん』或いは『シャグチ神社』と呼ぶ小社があるがその名前、由来について知る者がいない。かつて地域で祀っていたらしいが、いつ頃からか関心がなくなり、現在は山口さんがお守りしている。山口さんは昔、村の地所を計測したときに使った縄を埋めたのがここと言う。社の中に棟札があり読めるのは一枚のみ、（奉造立社護神天下太平国家安全（後略）大正六年施主）シャグチという名も社護神と関係すると思われるが詳細は分からない。すぐ脇に庭の管理用の水源があるので水神との関係があるのかもしれない」

誰が語ったかは記されていない。編集者の解説もない。シャグチを世界大百科事典は、「宿神、シャグジ、シュグジなど、さまざまな表記があるが小祠の神の名」とする。そして宿神は秦河勝、芸能の神であると。こんな所で蓑毛の伝説を疑った秦河勝が表われた。疑問視していたが、あるいは、本当に、言い伝えはあったのかもしれない。

石神問答

柳田國男の『石神問答』に同じような趣旨の書簡問答がある。山中氏の問いは「鉄道線路脇のシャクジは尺神と書きて、昔、検知をなしたる尺を祭りし神なりと申すことに候」。柳田は村の坪割りと因由ありということと思い当たる節なきに非ず、としながらシャクジにかんする持論を展開する。

戸川の縄文遺跡で国家が形成される以前の宗教的痕跡を見ていなければ、横野のシャグチも間違いなく見過ごした。実はあの石棒、石柱、石壇を見て以来、祠（ほこら）が気になっていた。開発が進み小祠が現存するなどと思えず、地名の小字に期待していたが、シャグジ、シュウグジ、シュクジン、杓子、佐久、坂口、オシャモジなどそれらしき地名は山麓にはなかった。それらしきは社護神社、上宿ぐらい、それも柳田が調べた地名の中には含まれてなかった。シャグジと宿神について柳田國男は、音韻論的に一つの仮説を出し、シャグジは漢字で書けば、社宮司・石護神・石神・石神井など多用だが、共通性として、呼び名が「シャ」「サ」「ス」なのサ行音と、カ行音（またはガ行音）の組み合わせになっている。「サ」の音は岬・坂・境・崎などのように、地形や物事の先端・境界を表す古語に頻出する。

この「サ」がカ行音と結びつくと、物事を塞ぎ遮る「ソコ」などのような、境界を指す言葉になる。

すなわち、シャグジは空間や物事の境界にかかわる霊威（れいい）を表す言葉・神なのではないか。そこから柳田は、「芸能の徒」の守り神が「宿神」と呼ばれた理由を次のように推論した。芸能者はもともと定住をしなかった人々であり、住むことができた場所は村・町はずれや、坂・断層の近くだった。そうした場所はたいがい、境界を表すサ行音とカ行音の結合である「サカ」や「ソコ」と呼ばれていた。そのために芸能者たちは「ソコ」「スク」「シュク」の人々と呼ばれるようになり、彼らの守護神も「シュク神」と呼び慣わされるようになった。「記紀」により誕生した有名な神々と違い、文字が出来るよりずっと前からの神である。そして、宿神はさらに前の、新石器・縄文以来の古層の神、精霊と習合、「草も樹木も動物もそして雨も風も光も人間のために天から下りて来て恵みを与える」と信ずる人たちの神と習合した。

シャグジの呼び方は二百種近くあるらしい。オシャモジ様もその一つだ。敬語のミがついてミシャグチ。中部地方を中心に関東・近畿地方の一部に広がるミシャグジ信仰で祀られる神（精霊）、長野県の諏訪地方がその震源地とされる。

古代信仰では神霊の憑きたもうものが神として崇拝された。一つの例がご神体としての石棒。石棒そのものを神として崇拝する観念と、精霊が宿り給うが故に崇拝する観念とが合体してミシャグジと言う信仰が出来上がった。地面に直立する石棒、それに降りて来て宿る精霊、それにより大地が力を得て、新しい生命が生まれ出て成長する、と諏訪の人と同じように、戸川の縄文人も信じた。やはり、アワでもヒエでも良い、農耕の痕跡が出てきて欲しい。

それにしても、「記紀」によって有名な神々が登場していらい、この古層の神々、精霊はどこかにお隠れになってしまった。

第三章　朝廷とあづまえびす

律令制が敷かれ、中央集権国家に

天つ神に触れた折、天つ神は支配者でありそもそも「生まれが違う」と説明した。支配者と庶民は元が違う。天下の古事記や日本書紀に書かれていることから、普通の人は、本音は知らないが、「そんなものか」と納得する。しかし、支配者について納得しても、その取り巻きの、いわゆる官僚の出世まで「生まれで決まる」とは思っていない。そんなことは記紀のどこにも書かれていない。

実はこの章の書き出しで、「大ムカデ退治の俵藤太の孫の孫なる公光は相模守であった」と始めたら、いきなりブレーキがかかった。相模守とは、今で言う県知事、はてさて誰が決めた？　律令制が敷かれ、中央集権国家として地方行政区画が整えられ相模国府が置かれたのは分かる。歴史の教科書に載っていたような気がする。

しかし、人を決めるのは誰か、人事権は誰にあるのか。

「なるほど、そうか」と推測出来るのが藤原氏の支配である。鎌足(かまたり)、不比等(ふひと)にはじまった藤原氏の支配が、歴史の底流に、いついかなる時代、どの将軍の時代であっても、いかなる天皇の時代であっても、またいかなる政権の時代であっても、脈々と続いた。それは、すべては藤原不比等に始まっている。

不比等、日本の礎を定める

藤原不比等はその名の示すとおり、等しくならぶ者なき大政治家であった。七世紀後半から八世紀初期にかけて日本国を当時の先進国唐、新羅（しらぎ）に比肩しうる国家に育て上げた巨星である。「大宝」「養老」の二つの律令を持って、古代日本は「法式備定」（のりそなわりさだまれる）国の第一歩を踏み出した。位階の改正、戸籍の作成、班田収受（はんでんしゅうじゅ）、徴税（ちょうぜい）、徴兵（ちょうへい）、公地公民制など国家の根幹を定めた律令は日本の礎となった。

さらに既述の日本最初の国記『日本書紀』を編纂（へんさん）し、過去を支配しただけでなく未来をも支配している。さらに彼のすごさは、その後の千数百年にわたり、支配者集団として、政界に君臨し藤原一門の基礎を築いたことにある。不比等は藤原氏という大氏族の統領であり、始祖である。後宮対策も怠りなく、娘宮子は文武天皇の夫人となり聖武天皇が生まれ、聖武天皇の妃光明子は不比等の娘である。その子阿部内親王は後の孝謙天皇であり称徳天皇である。特権的地位を生み出す背景は多い。

相模国の国府は三回遷移

足柄の峠で、ヤマトタケルは東方、遠くに見える海を望んで、オトタチバナ姫の最期を思われ、わが妻よ「吾妻はや」とため息をついた。よって、これより東国を「あづま」と称するようになった、と前述した。「野火伝説」の終わりの部分である。その「あづまの国」に大化の改新で「相模国」が誕生する。

大化の改新によって、相武国造の支配的領域である相武国と、師長国造の支配領域である師長国が合併して相模国が誕生した。こう書くと決まって「大化の改新」は教科書から消えた、改新などなかったと言う人が現れる。新聞の見出しだけを読む人によくある誤解だが中大兄皇子と藤原鎌足が蘇我氏を倒した事件は、「乙巳の変」と言われるようになった。それだけのことだ。

その翌年正月孝徳天皇は、全国の土地と人民を国のものとして（公地公民）、天皇がそれらを支配する方針を打ち出している。この一連の改革が大化の改新である。

律令体制下では、国司は中央から派遣されて国内の行政、司法、軍事の権限を掌握する。税金（年貢）の徴収も行う。その政庁を国衙と言い、国衙のあるところを国府と言った。

国司は京都から派遣された貴族だった。地元有力者は知恵を絞り、娘を嫁にしたり、妾にしたりして国司と婚姻関係を結び勢力を拡大した。トラブルが起これば朝廷に報告されるのだが、この頃の中央政府に地方を治める、治安を維持するなどの気概も戦力もない。結果、地方は荒れた。朝廷は東国を東夷の国と侮蔑している。年貢を徴収して朝廷に納めればそれだけで良い。そのための国司、国衙であった。

相模国の国府は三回遷移したと推測されている。すなわち、海老名国分寺近く、その後大住郡に移動して、次に餘綾郡に移ったとする三遷説である。

律令の世に刃向かい、荒れた地方で「われ、新皇なるぞ」と世間を驚かせた平将門が秦野の御門にいたとの伝承がある。また、その逆賊をやっつけた田原藤太秀郷も田原にいて田原藤太は地名が苗字になったと伝わるが如何に。

平将門が関東独立宣言

律令社会を大きく揺さぶったのが、「平将門の乱」である。

将門は、国司に圧迫される郡司、国司に反抗する富豪たちを支援して常陸(ひたち)の国衙(こくが)の軍政と戦ってこれを撃破。その勢いをかって、国府を焼き払い国司を捕虜にして、ついに朝廷と正面から対立した。

そして常陸(ひたち)、下野(しもつけ)、上野(こうずけ)、武蔵(むさし)、相模の国府を制圧して、八幡大菩薩の信託を受け、新皇に即位して板東八カ国の独立を宣言、激動の中、新たな国家を東国に樹立した。

日本で、朝廷とは別の王朝を建国したのは平将門ただ一人である。将門の戦い方はそれまでの合戦とは異質であった。以前は相手の撃滅が目的ではなかった。ところが、将門は中世の戦い方をした。現場での抗争に決着を付けた後、相手の本拠地に乗り込んで殺戮(サツリク)、破壊を行った。周囲は野蛮な勝者の徹底排除を試みたが、将門は強く、立ち向かう強敵を打ち負かした。将門は、千年生きる不死身の人間、と恐れられるようになる。

叛旗(はんき)を翻(ひるがえ)した将門にさすがに黙って居られなくなった朝廷は藤原忠史を征東大将軍に任命し、同時に近隣諸国の武士に檄(ゲキ)を飛ばし、立ち上がりを求めた。その中に田原藤太藤原秀郷がいた。秀郷も将門の同類である。ともに朝廷の暴れ者、いわゆるワルで出世の夢破れ東国に下っている。百戦錬磨の将門に対して秀郷は用兵の妙技を見せて、無敵の新皇相手に善戦した。国家への反逆では将門より秀郷のほうが長い。それから三ヶ月、将門の天下は終わりを迎える。

読者の多くは、たった一人の強者の存在が、合戦の勝ち負けに影響するはずがない、と思っている。将門が、千年生きる不死身の人間と言われていても、五人がかりなら負けるわけがないと。半信半疑と思われるが、実はこの頃の合戦は基本的には一対一であった。「遠から
ん者は音に聞け、近くば寄って目にも見よ、我こそは」とまずは名乗り合い、いざ、と言うことになる。周りはただそれを見ているだけ、これがルールだった。

弓の腕比べをした後、組み打ちをする。刀で斬り合う要素はなく、槍でなく薙刀を使う。これは集団戦でないことを意味している。集団戦で薙刀を振り回すと味方まで斬ってしまう。将門も、秀郷もルールを無視した当時の武人に言わせれば悪党だった。

やがて悪党と呼ばれる新しいタイプの武装集団が現れる。彼らは今までのルールを無視して好き勝手に暴れ回る。彼らが繰り出した新しい戦法が集団戦であった。

将門の黄金埋蔵金伝説

その将門が秦野に住んでいたと言う伝説がある。御門という地名、将門が京に似た町作りを考えたから祇園下、下加茂、東山などの地名が残ったとする伝承である。一族の私闘の後のわずか三ヶ月の独立国だった事実からすれば、あり得ない。この話がなぜ伝承されたかを考える方が面白い。

天台宗龍門寺は秦野市元町にある。友人がいてよく遊びに行った地である。確かに地名はミカドであった。祇園下や下加茂は記憶にないが、今から五十年前は金目川対岸の水田地帯、河岸段丘が見渡せた。立派な門だから、美称でゴモンとは普通に言っただろう。それが何かのきっかけでミカドに変化した。そしてそれが地名になった。

今でこそ家がひしめいているが、東に、川も山も見渡せた。盆地人は茶飲み話で想像力を膨らませ「あれが鴨川、そして東山、祇園はあの辺り」とやった。金目川が鴨川、弘法山が東山である。

その東山（弘法山）の隣の山、権現山に、将門が軍用金を隠した、と言い伝えられていた。朝日と夕日が指す地に埋蔵金があるという。残された言葉は「巽(たつみ)ニ百歩岩アリ艮(うしとら)百歩」。信じられないと言いつつ、行ってみると、探した痕跡が無数にあったとか。面白いが冗談名人たちが、将門にこじつけて話は膨らむ。当時の人たちが信じていたのは秦野盆地が京に似ていると言うことだけだった。将門など端から信じていない。誤った前提の元に後から地名が付けられた。

藤原秀郷と田原

東国の新皇、平将門を討った田原藤太秀郷(ひでさと)は藤原北家の出身だった。名門の一族だが、秀郷はその支流の出である。中央政府で判官をしていたが、若い頃は暴れ者で、好き勝手にふるまっていた。罪を犯しても、まがりなりにも名門の藤原氏である。厳しい処罰を受けることはなかった。亡き藤原不比等が知ったら怒り狂っただろう。律令思想の出発点は、特権を許さないことにあった。皇子であれ、大臣であれ重大な罪を犯した場合、流罪、死罪は免れない、見逃していたら律令制は徹底できない。

将門同様、「名門」が男を傲慢にしていた。許されないことだが、秀郷の場合、安易に考える周囲の忖度が働いたのだろう。役人の事なかれ主義は昔も今も変わらない。将門が現れる前の秀郷は朝廷に反逆する群盗の一人、独立武装勢力のトップだった。

秀郷は五人がかりでないと引けない弓を一人で引いた。とんでもない剛力の持ち主であった。しかし、藤原氏であっても支流、しかも暴れ者の評判で群盗の噂もある。心を改めても出世は望めない。本人は力があれば武者として評価されると思い込んでいたが、周囲は思い込みの激しい男であることを知っていた。淡い夢は、新任者を発表する除目の都度、はかなく霧散した。今年は必ず任官できると聞いて集まっていた、おこぼれ頂戴を目論んだ人たちは、こそこそ姿を消した。

しかたなく秀郷は東国に行くことにした。そして、将門に負けて放浪していた平貞盛に頼られて将門追討に動いたのである。そして勝利する。

オオムカデ退治物語

新皇将門を倒した英雄に、何かしら、それらしく、立派な前歴の必要が生じた。英雄が群盗、反逆者では上手くない。そして生まれたのが、妖怪退治物語である。

秀郷がまだ京にいた頃のこと、琵琶湖にかかる瀬田の唐橋にさしかかると、人間の五倍もある大蛇が橋のまん中に横たわり、先を急ぐ人の通行を邪魔していた。そこは剛の者、平然と、何事もないように大蛇の背中を踏み越えて、先に進んだ。その夜、美女が訪ねて来た。

美しい女は、ていねいに頭をさげた。

「わたくしは橋の下に棲む竜でございます。実は三上山のオオムカデが、理不尽に暴れ回って困っております。どうか退治して下さいませ」

「たかがムカデであろう。竜ならムカデなど」

「いいえ。なにしろ三上山を七巻き半もするオオムカデでございます。とても私どもの手には負えません」

剛の者は大概、美女に弱い。藤太も同じ、娘の願いを聞き入れて、オオムカデに立ち向かった。三上山は琵琶湖の東平野にすっくとそびえ、近江富士と呼ばれる霊峰である。

藤太が近づくと、察知したムカデの怒気に、辺り一帯に何百もの火の玉が飛びかかった。藤太は慌(あわ)てず、弓に矢をつがえると、いちだんと光っている二つの火の玉のまん中をめがけて矢を放った。「ガツン」、矢は岩に当たったような音をたてて、はね返された。次の矢も同じだった。

「まいったな、あれは魔物か。しからば、これでどうだ」

藤太は矢の先を口に入れくわえると、たっぷりと魔よけの唾(つば)をつけた。魔物は、人間の唾を嫌う。その矢を弓につがえ、力いっぱい引き、放った。矢はうなりをあげて飛び、オオムカデの額に今度は食い込んだ。血が噴き出した。そして静かになった。

翌朝女は、藤太に米俵、銅を礼だと差し出した。さらに龍神とともに、飲み食いの接待をし、鎧、太刀、釣鐘を引き出物として持たせた。釣鐘は三井寺に寄進した。後の世、弁慶が比叡山に引きずり上げたと伝えられる鐘である。

やがて東国で平将門が叛旗を翻す。将門追討の宣旨を受けた藤太秀郷は、機を見て将門を射殺する。上洛した藤太秀郷は多くの恩賞を受け、後々家門繁栄する。琵琶湖の龍神の加護であった。

柳田國男「遊秦野記」

開墾事業家、波多野義通

民俗学の父、柳田國男の紀行文に「遊秦野記」があり、田原藤太秀郷に触れている。本文の終わりに、自らは波多野氏（川村氏）の遺蘖（いげつ）だと言う。蘖（げつ）とはひこばえを意味する、謙遜（けんそん）気味に後裔と言っているようだ。引用しよう。

「田原氏の系図を見ると、田原藤太秀郷の孫の孫たる公光は相模守であった。その子の公俊もまた相模守であったという説がある。公俊の子経秀はすなわち波多野家の元祖である。経秀の曾孫波多野二郎義通は天仁元年（西暦一一〇八）開墾事業家でもあったらしい。この筋を大波多野と称し、多くの同族がここから分かれている。

義通はまたその一男を足柄郡の松田に分家させて松田氏の先祖たらしめ、さらに弟の河村秀高をして河村郷の開発地主たらしめた。三浦、岡崎、曽我、渋谷などこの地方の武士はあまねく彼等の縁者であった。

しかし年月の力というものは如何（いかん）ともせん方無きもので、是程の名門でも今往って見ると、村名以外には殆ど何の痕跡をも留めて居らぬ。

我々は波多野家の第一世が国守の一族と云う余勢を挟んで、猟の好きな郎従を引き連れ、国府のかたわらを流れる花水川の岸伝いに、新たに村を作るべく谷奥へ入り込んだ時の事を考えて見た。そうして始めて腰を下ろした開墾地は果してどの辺であったろうかと、あるいは地図を拡げあるいは高処に登って四方を見た。（略）

東秦野村の大字寺山には波多野二郎の城址という地がある。通称を二郎と云った人は決して義通ばかりでは無い。また義通の時代は平和なる経営時代で、城山に構え込んで居るにも及ばなかったはずである。故に、もちろん是のみでは証拠にならぬが、地形から判断してもやはり此辺を最初の住地と見ることが出来る。

すなわち彼らが金目川の流れを伝ったものとすれば、落合から寺山辺が取り付きの平地である。其西表の大字東田原及び西田原は、波多野一郷の中では唯一の田代すなわち水田適地であったらしい。山脈の南麓の低地であれば清水が引き易い。またその清水を温めるに十分なる日当りがある。東南になびいたわずかな丘陵は、要害にも風除けにもよく役立って居る。なお一つ考えねばならぬことは大山との関係である。海に沿って官道を旅する僧が、雄大な山の姿を望んで一つあの山に御本尊を持ち込もうと考えたとすれば、どうしても山の天然の正面から登り口を求めた筈である。西の方からやって来て此の山を目指して入るとすれば金目川の沢である。寺山の北入の大字簑毛及び小簑毛は、後世まで一方の大山登山路であった。富士ならば大宮口に該当している。

簑毛の千代満坊と大満坊とは、昔良弁僧正に随伴して来たと云う三軒の児捨（侍者？）の二軒であって、永く一方の御師職を勤めたが、江戸の方から楽な坂を登る者が多くなって、この坂本は衰微したようである。（後略）

柳田はこの文の終わりに「どう考えても田原藤太の家筋には武略の才の遺伝がある。平時は静かな暖かい山の陰に遊んで居て、いざとなれば西へ出て関本の険を扼し、又は東に下って国府を圧迫する。衆寡敵せずと見ると尊仏丹沢の峰伝いに、愛甲津久井の山奥の村に潜んで居る。此一族の者が鎌倉殿の威光にも、時として反抗の擬勢を示したのは、つまりは右の如き根拠があったからである。併しながらそれが為にあまり用いられず、つまらぬ口実で腹などを切らされた。自分も波多野氏の遺蘖（いげつ）であるが、この先祖の経験をよく心得て置きたいと思う。」

子孫は京武者

残念ながら秀郷が田原を拠点にし、それが苗字になったとはしていない。ウィキペディアによれば、田原由来を、相模国淘綾郡田原荘（秦野市）を苗字の地としていたことによる、とする説のほかに、幼時に山城国近郊の田原に住んでいた伝説に求める説、近江国栗太郡田原郷に出自した伝説があるなど複数ある。

田原藤太はともあれ、彼の子千晴は相模国権介に任命されている。権官というのは、当時から役人の世界では使われていたようだ。代理、補佐、仮であって副長官代理となれば責任の及ばないポジションである。藤太の孫も又その子も相模守である。おそらく京にいて現地にも赴いていない。自分は任地に行かないで家臣を送り込んで現地から上がりだけを送らせた。実際に地元を押さえ土地の管理や徴税は目代（もくだい）という下級役人がした。秀郷は乱暴者の荒くれ武士であったが、子孫は京武者になってしまった。この頃は任官しても波多野氏を名乗のらず、渡来系の秦を用いている。

ところが、京武者藤原公光の養子に佐伯氏の経範改め公俊がなるや武門の末裔の誇りが出て来る。そして古くから東国に根付いていた藤原秀郷流に祖を求め生粋の武門の後裔として再生したのである。

秀郷―千常―文脩―文行―公光―公俊―経秀―秀遠―遠義―義通

これに対して『秦野市史』の執筆者は「疑いだけが先行する結果となる」と手厳しい。

柳田が波多野家の元祖であるとした経秀は源義家に従軍し「奥州後三年の役」で活躍、その軍功により相模国波多野庄を賜っている。波多野庄はもともと摂関家の荘園で、相模守源頼義の郎党として目代（代官）に取り立てられた佐伯経資が波多野庄に居住して実質支配していた。

その子が経範で、藤原（波多野）公光の娘と結婚して養子に、経範の子、後三年の役で活躍した経秀はその外祖父の養子となり藤原になり、波多野氏と称して土着した。

当時官位を得るには源氏、平氏、藤原氏に連なりその推挙を受けるのが早道だった。一族は秦野近在から足柄上郡地方に繁栄し、これを波多野党と言った。ちなみに、現在は姓も苗字も氏も同一の言葉だが、ここで表現している時代の平安や鎌倉の頃は、姓は天皇から与えられた世襲官職の名称であり、藤原がそれである。苗字や氏は血族や血縁を表していた。

保元の乱、波多野義通に理不尽な命令

保元の乱は平安時代末期に起きた内乱である。この内乱の勝ち組にいた波多野二郎義通はまこと嫌な役割を命ぜられ「忠」と「恕（じょ）」に揺さぶられる事になる。

崇徳上皇と後白河天皇の兄弟による実権争いが、藤原摂関家のやはり兄弟争いを誘発し、源氏と平氏、こちらは親子間を分断しての戦いになったのが保元の乱である。

結果は源義朝、平清盛を味方に引き込んだ後白河天皇軍が一日にして勝つのだが、戦後処理が波多野義通の後の世の応援団としてみれば極めてよろしくない。

敗者の処分は苛烈きわまりなかった。乱の張本人である崇徳上皇は流罪、讃岐への配流と

なった。後日譚では、讃岐に渡った上皇はひたすら京への帰還を願った。しかし、果たされることなく八年後に死を迎える。絶望の内に世を去った上皇の魂はやがて怨霊と成り、世の中に多くの天災・人災をもたらすようになる。菅原道真、平将門とともに三大怨霊の一つとなった。

平安時代には怨霊信仰にもとづき、罪人であっても死刑にしてはならないという禁忌（きんき）・タブーがあった。その禁忌を破ってしまった。以後、天災の都度、そしてよからぬ事が起こるたび讃岐院の祟りだと畏（おそ）れなければならなくなった。

源為義の処刑

近江へ逃れた源為義は、逃げ切れず敵対した嫡男義朝のもとに自首して出た。義朝は父の助命に動いた。しかし、願いは叶わない。さらに、後白河天皇から義朝に、為義の首をはねよ、との命令が下った。催促である。

義朝に父を斬ることは出来ない。再三に亘って辞退し、このたびの自分の働きに免じて許してやって欲しいと訴えたが許されず、父為義の斬罪は乳母方の鎌田政清に任せた。

為義は我が子に手を取られ、相伝の家人の刃に罹（かか）るは本望と、西方に向って手をあわせ、念仏を唱えて背筋を伸ばした。一筋の閃光（せんこう）が走り、空を斬る風、次の瞬間、念仏の声も辺りのざわめきも静寂の闇に消えた。

為義の処刑に心を痛める義朝に、またもや命令が下り、為義の子供、女子を除いて全て殺害せよとの宣旨である。義朝はすでに為朝を除く三人の弟を処刑していた。八郎為朝だけは合戦における見事な戦いぶりが鮮烈で、死一等を減じられて、伊豆大島に流されるにとどまっていた。

己だけなら命令に逆らい、自害することも怖くない。しかし、ここに至っては逆らっても、どうにもならない。一族が押しつぶされるだけだ。義朝は始めて今回の戦後処理の背景にある政界の力学に思い至った。源氏つぶしか？　しかし、何の根拠もなく、すでに遅かった。

結局、義朝はここでも逃げた。

渇すれども媚びるな

いやなことは他人任せにするタイプの義朝は「船岡山で四人の弟たちの首をはねよ」と、波多野義通に命令した。義通と目を合わせない。

妹が義朝の側室であることから波多野義通は義朝に近侍するようになり、知恵者義通は主君源義朝に重用されていた。

義通は主命に逆らうことが出来ず、六条堀川の為義邸に輿（こし）を引き向かった。為義の妻である北の方は八幡社参詣で留守であった。子供たちは義通を走り出て迎えた。戦いの帰趨（きすう）は知っているようだが、残酷を極める戦後処理は知らない。義通の胸に熱いものが込み上げて来た。

今回の戦いは何だったのか。主、義朝は父為義と争い、他の兄弟はみな父方についた。しかるに勝った義朝は肉親をみな殺さなければならなくなった。戦いに加わらなかった幼い子供まで斬首しなければならない。波多野義通の心は痛んだ。

「父御、為義殿は、船岡山に籠(こ)もっており。子たちを連れて参れとの仰(おお)せがあった」

嘘を言わなければならない義通の目頭が熱くなった。

亀若十一歳、鶴若七歳ははしゃぎ回って輿に乗ったが、乙若は十四歳、想像力が働く。

「母御前が戻られてからでも遅くあるまい」

と不審顔である。それでも思い詰めた波多野義通の顔を見つめ、それ以上は言わずに輿に乗り込んだ。船岡山に着くや、彼方此方を見回し、父御を捜す子たちを集めて義通は涙ながらの言葉を吐いた。子たちも義通の涙に気が付き、静まった。

「父御は、義朝殿の敵となり、昨日早暁(そうぎょう)、七条西朱雀(すざく)で果てられた。四人の兄様も同様に命を絶たれ、為朝様は伊豆大島に流されました。残されたのは、あなた方だけです。そして、この義通に処断せよとの命令が下りました」

黙って聞いていた子たちは、顔を見合わせた。

「嘘だ、そんなことがあるものか。兄、義朝殿に確かめよ」

と鶴丸が叫び、「義朝に謀(はか)られた」と言うことか、と大声でなげいた。

天王は乙若から離れようとしない。乙若は、

「義朝は父為義も兄たちも、皆斬り捨てた恩知らず、無慈悲な敵である。弟よ、渇(かっ)すれども敵に媚びるな。父が恋しくあらば、泣くのを止め、西方に向かって手を合わせ、吾とともに祈りをこめ南無阿弥陀仏と唱えよう。さすれば父御の所に行けようぞ」

と言えば三人の弟たちも西に向かって一心に手を合わせた。義通の鎧の袖は涙で濡れ、五十人の従者も涙に暮れた。

合戦の結末は常に惨く悲しい。波多野義通の心に負った深い傷は癒やされることはなかった。

波多野義通、帰郷

乱後、波多野義通は義朝と不和となり、波多野庄に帰国した。『新編相模国風土記稿』の寺山村の条に「村の西境、金目川の傍、字小附にあり、少し高き地にして、空堀を巡らせし跡あり、今畑となる、波多野次郎の城跡と言い伝ふ」とあるが、どうも、ここではないようだ。『神奈川県中郡勢誌』は、「ここは規模が小さいうえに、西部以外は場外の方が返って標高が高く、戦いには不利として金目川の対岸東田原前原、下原のやや高い台地が古老の話から波多野城跡であろうと推定する」。既述の柳田の「遊秦野記」では「義通の時代は城山に構え込んでいるにも及ばなかった筈」とにべもない。

秦野市教育委員会が発掘調査をしている。その結果、城館があったとしても小規模で、本拠地の城館は東側の谷戸田、旧金目川の流路で、平安時代を過ぎた頃からの水田耕作の形跡があり、南宋（中国）の青磁片などが出土したことから付近に有力な領主層が存在した可能性性を指摘している。寺山の字竹ノ内がそこだ。

出土した青磁片がその時代の物であったとすれば義通が茶でも喫したのかもしれない。平清盛が宋との外交、貿易を推し進める以前である。太宰府のある博多や京の都では珍しくなくとも東国では逸品であった。源義朝の近侍である義通は公家文化にも接していたようだ。

しかし、義通は波多野庄でのんびりは出来なかった。平治の乱が勃発したのである。公家の私利私欲による院内、朝廷内の政争など地方にはまるで関わりはないが、主である源義朝が関係していた。

平治の乱は源平の勢力争い

平治の乱は、保元の乱以降実力を自覚した平清盛と源義朝の勢力争いである。近親者を全て殺した保元の乱の事後処理の意味を、源義朝は気が付くべきであった。平清盛は乱後を考え行動し、すでに先行している。波多野義通は「言わんこっちゃない」と思ったに違いない。舟岡山で頭を垂れる義朝のまだ幼い弟四人、彼らの首を泣く泣くはねてから後、波多野義通は変わった。己の主人が、どうにも厭になった。不和に成り波多野庄に引き籠もった。主人は見栄っ張りで、力だけが正義の人間性に問題があった。人間性は子たちの養育にも現れた、勇猛果敢で頼りになる長子、自分に似た義平を冷遇し、おとなしく陰湿な三男頼朝を優遇した。理由は母方の家格であった。義平の母は遊女、頼朝は熱田神宮の神官の娘である。自分で選んで孕ませた子に違いはない。次男朝長と三男頼朝にも差がある。次男朝長は波多野義通の妹の子である。頼朝の母が正妻であるにしても官位昇進に違いがありすぎた。藤原氏である我が一族が差別を受ける筋合いはない。波多野荘引き籠（こ）もりの直接的な原因になった。

甥、源朝長の死

義朝が兵を挙げた事により、わだかまりはあったが波多野義通は京に駆けつけた。風雲急を告げていた。平治元年（一一五九）十二月四日、清盛が熊野参りのため、京を離れた隙を狙って、義朝は、藤原信頼と手を結び、院御所を襲撃、後白河上皇と二条天皇を閉じ込めた。清盛は「罠にかかったぞ」と急いで京に戻り天皇と上皇を救い出し、一気に義朝軍を打ち破った。

都を落ちのびた義朝は、少人数となった一族郎党とともに、東国を目指した。ところが大原で落人狩りをする比叡山の山法師に行く手を遮（さえぎ）られ、合戦となった。その折、飛んできた矢が朝長（ともなが）の左腿に突き刺さった。鐙（あぶみ）に足を架けられない深手だった。それでも一行は何とか山法師を蹴散らして先へ進んだ。歳若い頼朝は疲れ果てて近江山中で脱落してしまった。朝長は傷口が痛み、出血により、歩行すらやっとである。天は見放したか、猛吹雪が行く手を阻んだ。伊吹山中である。力尽き、一人消え又一人消えていった。雪中踏破ようやく辿り着いたのが青墓宿（岐阜県不破赤坂）であった。ここの長者は義朝の妾の一人であった。まったく、あちこちに妾がいる御仁だ。

ここで休息し、翌朝、長子悪源太義平は東山道を、朝長は、義朝とともに東海道を行く事になった。しかし、朝長の傷は深く、烈（はげ）しく痛み動けない。高熱が出ているのか息絶え絶えである。朝長は懇願した。「自分をここに残し、先に行って欲しい」迷惑を掛けたくない一心だった。

先に行って欲しいと哀願、涙

義朝の返事は信じられないものだった。なんと「生きて恥を後世に残すより、父の手にかかって果てるか」と朝長に問うたのである。朝長はこの父の言葉に己の人生を悟り、そして父を見限った。どのような状況になろうと人には一つだけ自由が残されている。それはどう行動するかだ。彼は父を見限った。「お手に掛かり参らせんこと、かしこまりて候」と、目を瞑り念仏を唱えた。

翌朝、宿の女が目にしたのは、血まみれで横たわる朝長である。朝長生年十六歳であった。時代はこの父親を許すだろうか。京の町では、親殺し、兄弟殺し、おさな子殺しと囁かれていたが、それに子殺しが加わった。六波羅を落ちるとき、鎌田政清に預けておいた十四歳になる娘を、捕らえられて辱めを受けるより、我が手で殺す、政清に、殺して参れと命じている。

尋常ではない。嗜虐性、残酷性といえば織田信長を思い出すが、少し違う。信長の場合、相手はいずれも敵であった。浅井長政、朝倉義景のドクロに金箔を貼り、酒を注ぎ部下に飲ませたとか、生き埋めにした敵の首にノコギリを当て行き交う人に引かせたとか、とにかく残酷だが相手は敵である。

義朝は、身内をやる。自分以外の心の内など知ろうとも思わない。どうでも良かった。己だけが大切な義朝第一主義者で、まるで周囲への思いやり、愛がない。

『平治物語』によれば、「義朝、障子をあけて入り給ひ、朝長の胸もとを三刀さして首をかき、むくろに差しつぎ、きぬ引きかけて出で給ふ」と残酷である。

謡曲「朝長」では、源朝長は自害をしている。

親族同士の争いに明け暮れていた父の義朝を見ていた源頼朝は、人間関係に非常に敏感な男になった。源平合戦が終わった後、自由勝手に振る舞う義経を頼朝は許さずに追放している。義経の軽率な振る舞いが一族を巻き込んだ大内紛になりかねないからだ。源義朝の生涯は、当然ながら息子の源頼朝の人格形成にも大きな影響を与えている。

篠窪村で弔う

息子を失った朝長の母は京から松田亭に戻った。そして隣接する篠窪村に住み、朝長と夫・義朝の菩提を弔った。このお母さん、修理太夫範兼の女とも、大膳太夫則兼とも、坊門姫あるいは中川辺清兼の女とも言われるが、生前の朝長を義通が贔屓(ひいき)し、また朝長の死後母として松田に戻って弔っているのだから波多野義道の妹が正しいのだろう。

風の前の塵におなじ

鎌倉を目指した義朝は尾張で長田忠致の裏切りにより、入浴中に殺害され平治の乱は幕を閉じた。近江国で捕らえられた頼朝は死罪が当然視されるなか、池禅尼の嘆願により清盛が許し伊豆蛭が小島へ流された。義経は京の鞍馬寺へ預けられた。頼朝十四歳、義経は一歳であった。禅尼の嘆願に清盛が耳を貸さなかったら、歴史は変わっていた。当人たちは知らないうちに時は流れる。

　平治の乱以降は平氏の世の中になって行く。「平家に有らずんば人に非ず」の時代は数年後にやって来る。平家でなければ出世は出来なかった。権力を握ると誰もが傲慢になる。ここに至るまでも随分と傲慢を書いて来た。西洋文明、将門、義朝、清盛、まるで傲慢史である。力を持った途端、人は変わるようだ。己の身代を大きくし、蓄えた金銀で贅沢三昧、酒と女に溺(おぼ)れ、政(まつりごと)など忘れてしまう。

　祇園精舎の鐘の声、ただ春の夜の夢の如し、ひとへに風の前の塵(ちり)に同じ。猛き者も遂にはほろびぬ、ひとへに風の前の塵におなじ。

義理はないと波多野義常

波多野義通は六十一歳で、松田郷で亡くなった。彼の苦難と死は義通の人生を無駄にしていない。結果の善し悪しは別にして、引き継いだ義常がしっかり背中を見て育っていた。治承四年、伊豆国に流されていた源頼朝が平氏討伐の挙兵を決意して、源氏譜代の家人の元に安達盛長を派遣し、参加を呼びかけた。

波多野義常はこれを拒否した。頼朝にとっては信じられないことである。源氏相伝の郎党であり、父義朝に近侍していた波多野が拒否するなど想定外であった。

しかし、「さもあらんか」と直ぐに納得、態度を改めることにした。波多野義通は、常に頼朝たち兄弟の近くにいたが、全くの朝長派であった。朝長は波多野義通の妹の子、彼の甥である。われは惣領、朝長は兄とは言え庶子である。この意識で義通を無視した。ただ感情的で一方的な父義朝と違い、義通は常に冷静に優しく厳しく朝長に接していた。頼朝にしてみれば、羨ましかった。頼朝は政治家であった。

義通と行動することが多かった義常にとって父の怒りは己の怒り、父の涙は己の涙であった。義朝そして朝長亡き後、頼朝に義理はない。

そして石橋山の戦いが始まった。波多野一族は、平家方についた河村義秀以外この戦いには参加しなかった。義常のこの決断は日和見と非難された。しかし、義常には武門として、忠と恕に苦しみ悩んだ父、義通が常に正義であった。「忠」は自分の内なる真心に背かぬことであり、「恕」は真心による他人への思いやりであると義通は理解していた。忠恕は孔子の唱えた、人間の最も本能的で、基本的な徳である。しかし、この時代、こうした人間味あふれる判断は許されなかった。頼朝にとって波多野義常は裏切り者であった。

頼朝の波多野退治

石橋山の合戦で敗れた頼朝は真鶴から小舟に乗り安房国にわたり、上総介広常の援助を得て、軍勢を回復して鎌倉に入る。

まずは憎き波多野退治であった。下河辺行平を追討軍にして松田に向かわせた。このことを事前に察知した波多野義常は、妻と子息、有常を呼び、自分は死を選ぶ、有常は一族を守らねばならない。この場を離れて大庭景義の許に行けと送り出している。大庭景義は妻の兄である。

怒濤のようにやって来た下河辺行平を迎えたのは義常の骸であった。行平は微かに聞こえる松田亭の鐘の音に、諸行無常の響きを聴いていた。明日は我が身かもしれない。人生、一寸先は闇だ。翌日、頼朝は土肥実平に朝長の松田亭の修復を命じている。そして、二十万余に膨れあがった軍勢を率いて駿河に入り、水鳥の羽音に驚いて平氏が敗走したエピソードがある富士川で平氏と対陣する。

平家方についた波多野一族である河村義秀は河村郷を没収され、斬罪に処せられている。さて、大庭景義の許にいた波多野有常は、下河辺行平の襲撃の難を逃れることができた。

大庭と言えば、石橋山の戦いの敵、平家方の大将である。頼朝の蜂起を知り、頼朝打倒のために相模の武士に出陣を呼びかけた張本人が大庭景親である。景親の呼びかけに応じたのが河村義秀、曽我裕信、渋谷重国、熊谷直実、梶原景時など三千余騎である。

分かりにくいが波多野有常が頼ったのは景義であり、敵平家方大将景親の兄である。景義は義朝に従い、保元も平治の乱も波多野義通とともに戦った朋輩である。平治の乱の折、あの鎮西八郎為朝の強弓に当たり、以降歩行困難になり家督を弟の景親に譲っていた。ところが頼朝が挙兵すると景親と袂を分かち、義朝への忠を貫き頼朝軍に参加した。

頼朝の旗揚げに際して東国の武士団は波多野義常を含め頼朝に「従う」、「従わない」の二者択一の判断を求められている。判断基準は、頼朝の人間性や好きか嫌いかなどではなく、「新恩の給与」と「本領の安堵」である。要するに命がけで頼朝の為に戦い、褒美として新しい領地をもらう、そしてそれ以上に重要だったのが、もともと持っている土地を保障してもらうこと、安堵であった。

残念ながら頼朝の敵になったことで波多野一族は退治され、本領も摂られてしまった。大庭景義は波多野有常を伴って頼朝の許に参上した。命乞いである。有常は景義預かりとなり、松田領は景義が拝領した。これで波多野一族の処断は終わったかに見えた。

官打ちにあった有常

源平は六年に亘って各地で戦いを展開した。ここで記すまでもなく『平家物語』をお読みいただくのが良い。ここでは物語に登場しようがない郷土の落ちこぼれ話を一つ。

古くからの宮廷や諸権力の対外敵の対処方法として「官打ち」というものがあった。その人物にふさわしくない位階を次々と与え、ついにはその人格的平衡感覚を失わせ、自滅させていく手法である。源氏、東国の分断に朝廷は密かにこの策を使った。武家政権の樹立などとんでもないと朝廷は考えている。

この「官打ち」にあった人物の代表が源義経である。彼は、兄の頼朝の許可なく後白河法皇により従五位下検非違使少尉を賜った。当然、頼朝の怒りをかった。にも拘わらず、さらに伊予守を受けている。頼朝は、鎌倉腰越まで来ていた義経を、それ以上鎌倉に立ち入ることは許さない、と追い返した。有名な腰越状の場面である。

腰越状は頼朝側近の大江広元に取りなしを頼む義経の依頼状である。

義経曰く「義経が五位の検非違使に任命されたことで、源家の面目が立てられた、めったにない出世であります。そうはいっても、今は悲しみが深く胸が締め付けられております。神仏の助けを借りる外に、どうしたらこの苦しみや悲しみを嘆いて訴えることができるでしょう」

頼朝は官討ちによる東国の分断を恐れている。この人義経は、頼朝の怒りが何にあるのかまるで理解していない。最期は朝敵とされ鎌倉幕府に奥州衣川にて滅ぼされる運命となった。武だけの人だった。兄、頼朝の心を読むことはできなかった。

頼朝は義経に限らず、頼朝の許可を受けずに任官した東国の武士に懲罰を与えた。本領没収、斬罪である。この罰則の適用を受けた者に波多野有常がいた。許可なしに、馬允に任官していたのだ。『吾妻鏡』はせっかく大庭景義の口利きで、頼朝に許されたのだから、黙って奉公すれば良いものを、馬允に任官するとは、未曾有のことである、とあきれ気味である。愚かであった。右馬允は父波多野義常の通称名でもあった。彼は彼なりに父を尊敬し慕っていた。父への懐かしさがこみ上げ、うっかりその気になってしまった。

恕の人だった大庭景義

大庭景義は実にいい人、恕の人である。河村義秀は石橋山の戦いで平家方につき、河村郷没収、斬罪の処分を受けた筈だった。その河村義秀が鶴ヶ岡八幡宮放生会の流鏑馬(やぶさめ)の射手として現れた。斬罪に処せられた者が現れるとはこれは面妖なことと頼朝は思ったが、これは神事である。目を瞑った。

ところが義秀の持つ矢は極めて長い。これを見て頼朝は、弓矢に優れていると慢心しておる、失敗したら只で置かんぞ、と見守った。義秀は見事にやってのけた。それから半月後、大庭景義は頼朝に河村の助命を願い出た。頼朝は許し、義秀は河村郷にもどった。

二重構造、鎌倉幕府

頼朝は荘園制の上に武家体勢を築き上げた。幕府の御家人を守護地頭にして地方に派遣して律令国家の法体制などを監視するというものだ。ところが律令国家の有力な荘園の本所的領主である公家、貴族と社寺が言語道断と猛反発、強烈な抵抗に合ってしまった。

頼朝には前代の律令王朝を打倒して、武家による法的国家を作る意識はなかったようだ。武力で皇位を取れる立場にあったが頼朝はそんなことは考えなかった。頼朝は源氏の嫡流であり、その先祖は清和天皇の皇子、貞純親王に遡る。そういう系図を持つ頼朝が宗家の位を奪って滅ぼすことなど念頭になかったのだろう。十四歳で伊豆に流されてから、旗揚げをするまでの二十年間、頼朝は一日も欠かさず、毎日一千百回の念仏を唱え先祖の霊を敬った、という。皇位を奪うことは全ての先祖の意志を無にすることだった。そんなことは出来ない。それに東国武士を背景に武力はあるのだが、律令制を築き上げた藤原不比等のような有能な官僚が側にいたわけではない。側にいるのは無学、文盲、野蛮な無骨者ばかりであった。訛（なまり）りの強い、東えびすの言葉は都人には通じなかった。

実力を持ちながら王権と妥協した。東国の統治権の実質を確保する代わりに、頼朝は自らの東国の政権が、日本国の一機関であることを認めた事になる。

京都と関東を根拠地として二重構造、国家の一機関が東国に誕生した。新皇を称した平将門とは全く違っていた。将門は板東八カ国の独立を宣言、東国の新たな国家だった。

年貢は元々の本家に納めることで、天皇を頂点とする本家、領家の懐（ふところ）は痛まない。頼朝には律令体制を改廃する意志はなかった、位階を求める意志もなかった。そんな頼朝を、くみし易いとみたか、朝廷側は、幕府の統領である鎌倉殿のみ、交渉相手とした。武門など相手にしなかった。

いきおい頼朝の朝廷に対する妥協が、そのまま幕府が朝廷下に包括される度合いを象徴するものになってしまった。それは幕府の家人の預かり知らぬ奇妙なものだった。頼朝の時代はそれでもなんとかなった。

律令制王権と幕府との妥協の最終地点は一体化にある。律令王朝の本来の姿である。幕府側武門は、将軍の右大臣就任は、律令朝廷の内部に、心情的に、又は感覚的に、あるいは位階制として滑り込んだ、と感じた。妥協から始まった制度だったが、実朝にいたり妥協がきわまった。武士団が納得できるものではなかった。

第四章　右大臣　源実朝

八幡宮の諍い

八幡宮は頼朝在世の頃から夜間は武士が交代で宿直をして警固に当たっていた。この武士たちを小侍と言ったが、その彼らが何時ものように見回りをしながら回廊にさしかかった時、若僧や児童たちが多数集まっているのに出会った。その者たちが何をしているのか分からなかった小侍たちは何時もと同じように「何をしているのか」と役割に従って尋問をした。

ところが、何が不満か、少年たちはいきり立った。八幡宮の若僧や児童たちは名家の師弟が多い。特に児童は学問修養の為に預けられた少年たちが多く、名家意識があり、その中に大豪族三浦義村の子三浦駒若丸がいた。

小侍たちは、自分たちが軽輩であり、相手は名家の御曹司ばかり、という引け目があった。丸く治めようとしたが何故か彼らはいきり立ち、特に駒若丸が殴りかかり、騒動になった。

幕府の取り調べに対して駒若丸は「名月を仲間と見ていて何が悪い」と食って掛かった。この事件以来、小侍の宿直夜行の制度が廃止され、事件の張本人駒若丸の幕府への出仕が停止された。

弟の時房からこの報告を受けた執権北条義時は「三浦か、ようやく尻尾を出しおった」とつぶやくように言い、そして時房に尋ねた。

「公暁(くぎょう)はいなかったのか？」

「はっ、いなかったと聴いております。しかし、河村六郎忠介がたまたま現場に居合わせまして、若僧の中にどこかで見たことのある武士と、長髪僧衣の僧がいたと申しております」

「そうか。その長髪の僧衣の者をすぐに調べてくれ。それにしても駒若丸は何故いきり立ったのだ」

「公暁殿の愛弟子であり、かつ三浦の息子ということで小侍を馬鹿にしておるのでしょう」

「それもあるかもしれんが、それだけではあるまい、多分、隠し事を聞かれたか、あるいは見られた、と思ったのだろう」

「知られてはならないことを、でありますか」

「そうだ。聞かれては困る内容、あるいは見られてはならない人物がいたのかもしれん。となるとその長髪の僧が怪しいな。八幡宮の坊主共と得体の知れない武士との秘密の会合、何かありそうだ」

「はっ」

「ところで公暁はどうしておる？」

「上宮の西壇所に篭（こも）り、全く外に出ていません」

「外に出ないとどうして分かる？」

「はい、常に読経（どきょう）が聞こえて参るそうでございます」

「経など誰が唱えようが、わしには区別が付かん。声の似た誰かに読ませていたら、どうだ」

「はっ、それは」

時房は思案げに首を傾げた。

右大臣拝賀の礼

夕方になって雪が降り始めた。二日前に降った雪がまだ溶け切っていなかったこともあってすぐさま鎌倉中は一面の銀世界に変わった。

承久元年（一二一九年）一月二十七日。

その朝、鎌倉鶴ヶ岡八幡宮の庭で一羽の白鳩が血まみれになって転がっているのが発見された。迷信深い時代であった。不吉な前兆とささやく者がいた。

そんな前兆を降り始めた雪が消し去った。しんしんと降りしきる雪は鎌倉八幡宮を三代将軍源実朝公右大臣拝賀の礼にふさわしい舞台に造りあげた。鎌倉にしては珍しい大雪だった。寒さも厳しく、風も出ていたが将軍の晴れの舞台を見たいと大倉から筋替橋あたりは町の人でいっぱいになっていた。時折、松の枝に積もった雪が、掃いたばかりの道に落ちて、そのたび雪かきにかり出された人たちが駆け寄っては道の脇にその雪を移動した。

幕府始まった以来の盛儀が今始まろうとしている。出立の直前になって政所の別当、大江広元が実朝のもとにやって来た。広元は冷酷とも表されるほど感情を決して表に見せない冷静沈着な政治家である。

その広元の顔から涙が流れ落ちていた。

「今日は涙が出てなりません。こんなことはついぞ無かったこと。嬉し涙であってくれれば良いのですが、念の為に御装束の下に鎧(よろい)をお付け下さい」

何時もの緊張した顔だった。演技には見えない。実朝は、どうしたものかとそばに控えていた六郎を見た。

六郎は初出仕の日を思い出していた。

孤独な将軍

先々月のこと、丹沢山麓で半農半武、山を駆けずり回っていた六郎に、鎌倉幕府執権北条義時からいきなり名指しで招集がかかった。河村のお屋形は六郎の出世と喜んでいたが選ばれた理由が分からない。争いがあるとは聴いていなかった。仔細分からず翌日駆け付けた六郎は、その日のうちに義時に連れられて、将軍実朝に挨拶をした。これから河村六郎忠助が近習として常に側に控える旨を説明した。

実朝は余り興味を示さなかった。義時の言葉にもあまり関心を示していない。しかし、実朝が初めて六郎にかけた言葉は丁寧であった。

「よろしく頼みます」

かしこまりつつ顔をあげると目が合った。

――おやっ？　どこかで会った気がする。いや、そうではない。どことなく自分に似ているのだ。

疱瘡（ほうそう）を患ったことがあるようだ。あばたがあった。実朝も同じような顔をした。同じように感じたのかもしれない。

「波多野忠綱の一族の者で、武術に優れ、特に馬術に秀でた才能がございます。将軍家の側に仕える者として最適者かと思われます」

義時の言葉を、六郎は身を固くして聞いた。

――おやっ、どこで調べたのだろう。

「ほう、忠綱の身内か、学問所に弥次郎がおったな」

「は、叔父にあたります」

そういえば出かけに、兄の三郎が波多野弥次郎朝定も御所に出仕していると言っていた。叔父とは言え、よく知らない。印象は、面倒な小うるさい人だった。あまり口をきいたことはない。

「東平太の代わりか。緊迫しているようだの」

将軍の言葉が何を意味するのか六郎には理解できなかった。皮肉を感じたその言葉に六郎は将軍の孤独を垣間見たような気がした。相談相手、雑談相手もいないのかもしれない。孤独が性格を閉鎖的にしているのだろう。

その夜、六郎は、出仕、近習の意味を理解した。東平太重胤と息子の胤行は、身辺無双の近習と言われた千葉の武将である。下総(しもふさ)に下向したまま帰らない。その数ヶ月前にも蔵人(くらうど)大江時広が上洛したままになっている。義時は近習としか言わなかったが「将軍の影武者」が自分の真の任務なのだろう。

河村六郎忠介。丹沢山麓西部足柄を所領する河村義秀の六男である。宗家は波多野氏、幕府の有力御家人波多野忠綱が一族の長である。

待ち望んだ晴れの日

六郎は笑顔を実朝に返しながら広元が感じているものを読み取ろうとした。単なる感じではなく、何等かの動きをこの男は知っているのかもしれない。将軍に危害を加えようとする者を察知したのだろうか。

―ならば何故その者を捕らえないのか。確たる証しがなく、単なる噂にすぎないから動けないのか。

広元が下がり、着衣の下に鎧を着ることを前例がないと反対した文章博士の源仲章が部屋を出て行くと残されたのは実朝と六郎そして着替えを手伝う美代の三人だけになった。みな同世代である。

「六郎、そなたは、広元のあの涙をどう感じた?」

実朝も奇異に感じたようだ。

「大江様に涙は合いませんね」

「変だと思わんか」

「変と申しますと？」

六郎はとぼけた。将軍は、六郎は何も知らない、興味もない無骨者ぐらいにしか思っていない。東平太はあれでも歌人で、創作した歌を批評し合うことで話は合った。六郎には天性の明るさがあるようだが歌心があるとは思えない、と思っている。

「何やら不吉なことが起こるとか、不穏（ふおん）な動きがあって広元はそれを耳にした」

実朝は、考えながら、思ったことを口にした。

「やめて下さいよ。今日はお祝いの日、待ち望んだ晴れの日なのです。不吉なことは言いっこなしにしましょう。不吉なことはみな執権様が払いのけて下さるから心配はありません。もし、変な動きがあったとしても、広元様ならその動きを抑えることができるのではありませんか？　政所を統括する別当なのですから」

「そなたの、天然で、能天気な点にはホッとする思いだ。しかし広元が抑えられない動きだったらどうだ」

「将軍様は疑心暗鬼（ぎしんあんき）に駆られてしまっている。政所の別当が抑えることのできない動きなどあるでしょうか」

「執権や有力御家人の動きだったらどうだ」

「これは、重傷だ」

「広元とすれば御身を守ることが第一で、余計な口出しをして、自分を傷つけることはしないと思うがどうであろうか」

六郎は、実朝の推理に驚いて言葉に窮したが、実朝は六郎の目を見詰め答えを促した。

実朝はある程度、巷（ちまた）に流れる噂を知っているのかもしれない。以前は決して噂話などは口にしなかった、と美代は言う。しかし、事情を何も知らない六郎と友だちのように会話するようになってから世間話もするようになっている。六郎の知っているのは噂話程度だ。出仕して間もないため情報源が限られている。

その情報源の美代が、周囲を気にしながら言ったことがあった。

「東平太様も、京に行った大江時広様も要するに逃げたのよ」

自分の運命を悟る

近習は、今にも始まる北条氏と実朝様の争闘から逃れたかった。代わりにやって来たのが、六郎様あなただ。敵前逃亡だから、あの人たちに厳しい処分があるはずなのに、それがないのは執権が心優しいのか、当事者だから、と美代は独り（ひと）ごちるように言った。

「あの方は将軍職に就いたときに、自分の運命を悟ったの。近習の人たちも自分の一族の長が実朝様を、どのように見ているか知っているものだから、逃げ出してしまう。六郎さんはどうする？」

六郎と二人だけのとき、美代は良くしゃべり、自分が知る御所内の出来事を詳しく説明した。素直に頷く六郎が気に入ったようだ。六郎にとって、美しい同世代の女性との会話は生まれて初めて経験する心ときめく一時だった。

自分の運命を悟ったとはどういうことか。美代の言葉が耳に残った。

実朝は、美代が用意した儀式用の束帯を身につけ、冠をかぶり、笏(しゃく)を手にした。

着替えをしながら実朝はしきりに話しかける。

「そなたも噂話ぐらい聴いたであろう」

六郎は頷きながら応えた。

「三浦様は公暁さまの乳母方ですので、世間が話をおもしろ、おかしく作り上げている、人の口に戸は立てられないと三浦の方々は嘆かれておるとか」

実朝は、やはりという顔をしたが、口には出さなかった。ちまたでは、実朝に跡継ぎがないことから、八幡宮の別当をしている二代将軍頼家の遺児公暁が次の将軍となる。新将軍は育ての親である三浦義村を執権にすると、かまびすしい。今では、世間の口に戸は立てられない状態になっている。

髪を伸ばした公暁殿を見た、という御家人は何人もいる。火のないところに煙は立たない。公暁は僧侶の身でありながら髪を伸ばし将軍になる準備を進め、伊勢神宮などに頼家の仇討ち祈願を行っている、との噂もまことしやかであった。

「ということは、公暁はこの私が死ぬことを、待っている。いや死ぬのを待つより、もっと積極的に命を狙っている」

六郎は、将軍は自分が置かれている立場をよく理解していると思いながら、顔に出さず、むしろ今日の意義を強調した。

「不吉なことを言うのは止めてください。実朝様が待ち望んだ喜ばしい日なのです。違いますか」

「確かに私が求めた。地位が上がり、右大臣になれば私を狙う輩も手出しが出来なくなると思うた。それに私限りの源氏の将軍だ。せいぜい箔(はく)を付けなければならん」

　六郎の問いに実朝は冗談めかして答えた。六郎は笑顔を絶やさない。実朝の表情にも険しさはない。本来、繊細で傷つきやすい性格だ、おそらく本音が含まれている、と察しながら、悟られないように天然ボケの田舎武士を演じた。兄が殺された時からずっと感じていた禍々(まがまが)しい予兆の足音を聞いていたのかもしれない。

禍々しい予兆の足音

「六郎、この状況を知りながら、そなたの知らん振りはどういう了簡であるか。近習の役割からすれば、私が代わりましょう、と言っても良さそうなものだが、如何に」

　将軍は笑顔を絶やさず冗談めかしているが、本音が八割、と感じながら、その求めに応えられない自分が情けない。内心忸怩(じくじ)たる思いである。

「あれ、まあ、何を不安に駆られているのですか。ここで出発を待つ武士だけでこんなにたくさんおられるのです。どうやって手出しができるのですか。将軍さまをお守りするため従う兵一千騎。寒いさ中あちこちに立って警護に当たられている方もおられます。少なくとも二千や三千人の屈強な武人があなた様お一人をお守りするため待機しております。やられるわけがない。それこそ、アリが這い出る隙もない。そりゃあ、許されるなら私が代わりますよ。でも、それではあまりにお可哀そう、せっかくの晴れ舞台、右大臣拝賀の一番晴れやかなところを私に代わってしまったら一生の不覚になります。後になって恨まれるのは御免であります。

私は代わると申し上げました。でも執権様それに広元様にも姿、形はともかく、お前には、ぽっと出、山出し無教養さが顔、態度に出るから代理はまだ無理と、言われました。残念であります。どうせ山出しの無教養な男です。比べると人が実朝様では誰だって無教養になります」

実朝はうれしそうに頷いた。

「なるほど、それは執権の言うとおりぞ。今日は式典と言っても大饗（おおあえ）で、酒食を伴う。しかも公家ばかり、これはたしかに難しい。私に代わって六郎が勉めたら、野蛮さはないが、そちの無教養さ、粗野な言葉に公家どもは腰を抜かすに違いない」

「ひどい、そこまで言われますか？　腰を抜かす、そこまで私はひどい？　仕方がありませんよ。話し相手は熊か、猪か、鹿か猿だけでしたから」

二人の会話に美代が笑い転げている。以前の実朝にはなかった友との語らいである。二人が本音を隠しながら語らっている。笑いながらも美代は、厭（いや）だ、可哀想過ぎると目頭を抑えた。

笑ってはいるが色白の実朝の表情は、やはりいつもと違い緊張気味である。時折、寂しそうな表情をする。六郎はその表情を読み取り六郎流の気遣いをする。

「実朝様はご自分の知恵と腕を信じていない。知恵、教養は文句なし、腕も熊は無理でも猪ぐらいなら勝てますよ」

六郎は近習になった翌日から、実朝に和歌の手ほどきを受けている。文字は足柄酒水(しゃすい)の滝近くの庵に住む修行僧に学び、読み書きはできた。そのお返しに、執権たちには内緒で、剣技の伝授を試みている。普通の武人は将軍と聞いただけで、口もきけず、判断もしない。その点、素朴な田舎者は都合が良い。恐れもしないで遠慮なく面、胴と打つ。実朝の上達は早いが、猪に勝てるかどうかは世辞だ。

「ほう、猪には勝てるのか。それは凄い」

「これから向かうところは、警固勢に完全に包囲された八幡宮という籠の中でございます。敵は、いたとして内部の者、坊主や公家に襲われたとして何ほどのことがありましょうか。せいぜい野ウサギ、ネズミ程度の力です。猪の方が強い」

幕府始まって以来の最大の儀式

六郎の笑いに吊られるように実朝の顔が綻(ほころ)んだ。警固の兵がどれほど居ようと、みんな歌と蹴鞠(けまり)の軟弱将軍と馬鹿にし、隙あらば葬ることを考える輩ばかりだ。六郎の笑顔は救いだ。大江広元の涙の裏に何が隠されていようとも注意を怠らない、なるようにしかならない。

「出立の時でございます」

義時の声に二人は部屋を出た。六郎は下宮まで同行する。庭のかがり火が降り続く雪を浮き上がらせていた。障子を開けた時、梅のほのかな香りを嗅いだような気がした。

　これが二人の別れだった。


　行列が御所を出発したのは酉（とり）の刻、現在の午後七時である。

　舎人、将曹を先頭に黒い束帯姿の十人の公卿、その後に北条義時以下の幕府重臣に守られるように右大臣実朝を乗せた牛車（ぎっしゃ）が続く。

　雪は相変わらず降り続いていた。止みそうに無い。暗くなってからの冷え込みが激しい。しかし、雪の中のこの行進は厳粛そのもので、幽玄ですらあった。

　牛車を引く牛には牛童が一人、車の両脇にも二人の男が付いているがいずれも平服白張りである。牛童は肩をすぼめ、背を丸め寒そうにしている。後に続くどの牛車よりきらびやかである。仙洞（せんとう）御所から賜（たまわ）った車だ。その後が京都からやって来た五人の公卿の牛車である。

　坊門大納言忠信、西園寺左衛門督実、藤原宰相中将国通、八条三位光盛、刑部卿三位藤原宗長などいずれも京都政界の高官である。

　次が馬に乗った十人の随兵である。鎧（よろい）を着ているが兜（かぶと）はかぶっていない。それぞれ兜持ちと張替え弓を持たせた郎党が二人ずつ行列の左右に従えている。義時の子の泰時や三浦時村、荻野景員などの顔が見える。最後が幕府御家人による随兵である。

　幕府始まって以来の最大の儀式である。晴れの儀式に随兵役として参加できることは名誉なことであった。随兵の選定だけでも大変であった。一に譜代の勇士であり、二に弓馬の達者、三に容儀神妙な者といった三徳兼備の者が選ばれた。御家人として最高の栄誉である御剣持ちは当然のように執権北条義時の役割であった。

義時の顔を知らない街の人たちは役割から判断をして「あれが執権さまだ」とささやきあった。幕府の正門を出て、まっすぐ進み横大路を西に折れると大鳥居が見えて来た。

既に赤い大鳥居にもかなりの雪が積もっていた。赤と白の調和は美しいが寒々しい。

随兵はここまでである。歩くのはわずかであったが行列は延々と続いた。

なぜか、この先一切は公家様式で行われ、警護は京から来た近衛府の将曹だけとなる。左大将拝賀の時と比べると厳しく様式が守られている。上皇の厳しい指示によるものらしい。

いよいよ儀式の行われる本殿である。

北条に恨みはあっても

阿闍梨（あじゃり）の坊は緊迫していた。

「駒若、しかと間違いないな」

鶴ヶ岡八幡宮の裏手の御谷（おやつ）、八幡宮の別当や僧が住む塔頭（たっちゅう）が立ち並んでいる。実朝が出立を前にして六郎と話し合っていた同時刻、公暁は阿闍梨の坊で三浦一族の駒若丸の報告を受けていた。

「はっ、既にわが一族の主だった郎党が屋敷に集まり下知を待っております」

「そうか、北条が動けば三浦一族が鎮撫にあたるという筋書きで良いのだな」

実朝を討ち、公暁が新将軍を宣すれば三浦が直ちに新将軍に従い、追手を抑える、かねてからの手筈を穏やかな声で確認した。

駒若丸の方は興奮をしている。駒若丸十五歳、血気盛んな公暁の愛弟子であり、三浦義村の次男である。駒若丸にとって、本来将軍であるべき筈の公暁を出家させた北条義時は悪の権化であった。幕府そして源家を中心にした武家社会を守って行く為には葬り去らなければならない対象であると信じて疑わなかった。一途な性格は、悪の権化を自分の手で葬り去る、その一瞬が間近に迫った胸の高鳴りを、隠すことができない。

北条はライバル視された有力御家人を巧みに罠にはめて来た。二代将軍頼家の乳母方比企一族を、薬師如来供養と偽り北条時政邸におびき寄せ、頼家の長子一幡とともに謀殺をした。このことを皮切りに時政、義時の執権二代で新田一族、武蔵国畠山、秩父の稲葉、そして和田一族などを次々に潰した。

――今日こそこの腕で鬼退治をする。

駒若丸自身は執権義時と話したことはない。しかし、血生臭い事件が起こるたび、決まって名が出る義時は、多感な少年の心に鬼のような悪人として位置していた。心が、はやり昨夜は一睡もしていない。その駒若丸に公暁が考えあぐねたことを尋ねた。

「実朝は殺さなければならないものか」

公暁は尼将軍政子のはからいで将軍実朝を父代りとする将軍家の一員である。十二歳で出家をして、京の近くの三井寺で仏道修行をしていたが、やはり政子のはからいで鶴ヶ岡八幡宮の二十五大院の供僧らを総括する別当の職についている。公暁自身にとって北条に恨みはあっても、考えてみれば実朝への恨み、憎しみはそれほどでも無い。

「何をおっしゃいますか。今になってそんな弱気では困ります」

駒若丸が目をつり上げて甲高い声を上げた。

「死んでいただかなければ、次の将軍になることができません」

「それもそうだが」

今日の公暁は何時もと違って口ぶりが穏やかであった。冷静さを装って自分の行為の正当性を確認するという感じである。

「北条は前将軍を病にして権限を奪い、伊豆国修善寺に幽閉、そして、命を奪った。実朝はその時の最高責任者、頼家様を殺して自分が将軍になった大悪人であります」

「そうかも知れんが、あやつは傀儡（でく）にすぎん。何もしていないと思うが」

「武家社会の確立をしなければならない大切な時、何にもしない指導者など必要ありません。頼家さまは御自分であらゆる判断をなされた。だから北条にとって邪魔者になりました」

父義村の受け売りであった。

「そうであったな」

「御意。現将軍は殿の御父上の仇であり、殿の仇は私の仇であります」

　思い詰めた駒若丸の目に涙が光っている。

「そなたは義村と一緒にいて、義村が裏切らないようにして欲しい」

「いえ、私は殿と行動を共に致します。父は大丈夫であります」

「義村を疑っている訳ではない。そなた以外に三浦一族に戦術を立てられる者がおらんから義村のそばにいて欲しいのだ」

「しかし」

「頼む、実行後三浦の動きが成否の鍵と成ることを理解してくれ」

　公暁の唯一の心配は三浦義村の日和見（ひよりみ）である。幕府御家人の中にあって最大の力を持ちながら三浦は、情勢を伺っては有利の方に付く日和見を繰り返している。障碍（しょうがい）を自分で切り開かない利口者であった。それに駒若丸は冷静さを失っている。大事な時に冷静さがなければ失敗をする。

　―今度の場合私が動くのだから義村は裏切らないだろう。しかし、より確実にする為にも、私がいなければ夜も日もない駒若丸を義村のそばに置く必要がある。一途な性格が義村の心をきっと捉える。

　公暁は自分を慕う駒若丸を単なる将棋の駒程度にしか考えていない。しかし、言葉は優しい。心地好い、優しい言葉に若者は翻弄（ほんろう）されている。駒若丸にとって、公暁は、特別な人である。同様に相手の公暁もそう思ってくれている、と信じて疑わない。公暁にとって駒若丸は特別な、かけがえのない人物であると。片思いであった。

執権の身体に異変が

回廊で行列を整え、幕府御家人が見守る中、石段を行列がいよいよ上り始めようとした時、実朝が御剣持ちの執権義時に近づいた。

「どうも不吉な予感がしてならない、広元と同じだ。執権はここで何か理由を付けてお帰りなさい。後に備えた方が良い。幕府を守って欲しい」

義時は昨秋以来今日のこの盛儀を成功させる為忙しく動き回った。幕府とは言え大江広元を除いて公平感覚のある御家人はなく、何から何まで二人でやることになった。御家人は自己の利益にのみ行動し、発言する。忙しさのあまり敵の存在を意識しながらもその対策を怠ってしまった。

執権は実朝をじっと見詰めた。

「実は私も感じております。対処が後手、後手になってしまい。申し訳ありません。今となっては。しかし敵は奈辺に」

「公家様式にこだわるのは鎌倉の人間を二人だけにする為と思われる。穏やかでないが二人を暗殺する舞台設定をしたとすれば、敵は朝廷のように思えるが、官打ち(かんうち)を仕掛けておいて、その成功を待たずに、邪魔をするわけがない」

「確かにそうでありますが。となると敵は？」

「考えられのは執権、そなただ」

執権は驚きの表情をみせた。言葉を発しない。

「その執権も同時に狙われるとなると、あなたではないと言うことになりますね。あなたのほうが情報は多いでしょう。私には、もう分からない。一人なら何とかなる。執権は御所に帰り事後の備えを固めてください」

「将軍あっての幕府であります。私が仕掛けるなどとんでもない。そんな風に思われていたとは想像もしておりませんでした」

「口が過ぎた、悪かった。しかし将軍あっての幕府であるとともに、執権あっての幕府でもある。私にはできなかったが、朝廷に飲み込まれないようにする動きは執権なくしては不可能だ。執権はここで腹痛を起こしなさい。執権そして尼御台（あまみだい）がいなければ幕府は立ちゆかない」

将軍は、自分はどうでも良いと言わんばかりである。

「今になって、この国の制度がようやく分かってきた。幕府創設の時、頼朝様はもう少し朝廷との関係を踏み込んで決めて置いて欲しかった。幕府の財政基盤が確立されていない。これからでも遅くない。朝廷と争ってでも執権がやり遂げて欲しい」

執権の頭が高速で回転し始めた。将軍はこの土壇場で難しいことを言う。確かに言われるように、朝廷には年貢や荘園の上がりがあるが、鎌倉幕府にそれに類する収入基盤があるわけでない。確かに財政基盤の確立は急がねばならない。

すこし前、八幡宮境内で、巡回中の小侍と同宮の若僧や児童たちと入り乱れて諍いになったことがあった。その折、三浦の駒若丸が異常に興奮し暴れ、さらに長髪の僧侶を見た目撃者もいた。放置してしまったが、あれは公暁だったのかもしれない。三浦と組んだとなれば、同時に狙われることも充分あり得る。義時は、なるほどと頷いた。将軍は三浦では駄目と言っているのだ。

予兆は繰返しやって来た

「受任する私が言うのは全くおかしな話だが、まあ聴いて欲しい」

朝廷は仕掛けて来ている。彼らの戦略は、将軍を右大臣に任命し、幕府を完全に律令王朝の体制下に組み込み、鎌倉を完全に朝廷の出先機関にしてしまうことだ。幕府は不要になる。上皇が考えそうなことだと実朝は言った。

「しかし、それは今ではない、今回は成功させることだ」

実朝は執権に理解不能なことを口走った。しかし、急がなければ事が起こったときの対処が遅れる。遅れたら万事休すである。不思議な話に構っていられなかった。

執権の反応は速かった。

「分かりました。事後に備えます。剣は事が起こったらこれを使ってください。警固体勢は万全であります」

義時は御剣持の役で持つ剣を示した。

「それは有難い。それから、母と御台所によろしく伝えて欲しい」

義時がこの言葉を如何に理解したか分からない。腹をくくれば、怖くない。兄が修善寺で殺されたときから次は自分だ、と肝に銘じていた。

予兆は繰返しやって来た。やっと現実のものらしくなっただけだ。兄は修善寺の風呂場で首に綱を架けられ、睾丸を切り取られて殺されたという。野蛮は嫌いだ。しかし、なぜに私は嫌われたのだ。存在を否定されている。潮時だ。後は執権と母が上手くやる。

義時は不安そうな顔をし、何か言いたそうだったが、腹を押さえ、そして苦痛に歪む顔を作り出した。這(は)いつくばった執権に、将軍は驚いたような顔をして近くの者が気付く程度の大きさで「どうした」と声をかけた。

執権の変調に驚いて弟の時房があわてて駆けよった。時房の顔色が変わった。実朝は時房に介護をさせると共に急ぎ源仲章を呼んで御剣持ち役の代役を命じた。まるで予定していたかのように実朝の判断は早かった。仲章は幕府に仕えているとはいえ殿上人であり、文章博士、侍読(じとう)として昇殿が許されている。顔も知られている。敵が誰であれ、執権と間違えて襲うことはあるまい。

先頭は既に動き始めている。何も無かったように実朝が動き、源仲章が従った。執権が止(とど)まったことに気が付いた御家人は、この先は、いかなる武人も許されず、文章博士の仲章に変わったのだと勝手に理解をした。

かがり火が照らす石段を上るのは京から来た殿上人ばかり、剣を帯びているのは近衛府に勤める三人の武官だけである。

実朝は、己が求めた昇進の儀式へ向かう行進である。喜ばねばならない、と自分に言い聞かせた。なぜ官位などを求めたのかと後悔していた。源氏は自分限り、が官位を求めた理由だが、僧籍ながら公暁もいる。せめて、喜ぶふりをしなければならない。自分の知らないところで、何かがうごめいているが、もうどうでも良い。太陽が落ちて来てもいい。

割れて砕けて裂けて散る

石段のほぼ中央に銀杏（いちょう）の大木がある。実朝は立ち止まり何気なく見上げた。枝の先まで雪化粧をした老木は、大手を広げ、夜空を隠す。ひゅーひゅーと聞こゆるは何者かのひやかし笑い。笑うな、人は死ぬ。当たり前だ。闇の中に沸き立つ雪が、風に流れる。死地へおもむく心境である。どうでもいいが、私は祝いの席の主人である。みなが祝いの席で待っている。足が冷たい。

もう少しだ。いろいろな出来事が蘇っては消えた。六郎の顔が浮かび、しきりに逃げることを勧める。どこに逃げろというのだ。私に、逃げ込むところなどありはしない。受け入れるしかないのだ。六郎がまぶたに浮かび、大海の歌を思い出した。

大海の磯もとどろに寄する波われて砕けてさけて散るかも

みなは、力強く雄大で心に染みて、しみじみした気持ちになると評した。藤原定家までが世辞を言う。六郎だけが、避けがたい襲撃予兆に、逃げず一人立ち、耐えていると私の孤独を理解したようなことを言った。大げさだ。ただ波が砕け飛び散っていると表現しただけだ。知らんふりをしているが、彼は何もかも知っているのかもしれない。予兆という言葉を使った。悲しいとも、哀れとも言わない無感情の顔がそこにあると言う。彼は、何かあったのかと尋ねてきた。

六郎は、歌が透き通っているとほめながらも、立場を自分に置き換えると、とても耐えられないと目を潤ませた。将軍職があるから将軍がいるのであって、必要だからいるのではないのだ。彼にもいずれ分かるときが来るに違いない。

あの歌のような状況になってきた。割れてくだけて裂けて散るかもしれない。散らば散れ。我は源氏の頭領なるぞ。これから吹き荒れる嵐と、執権は無関係だったようだ。仕掛け人は誰だ。上皇か、三浦か、公暁か。

三浦は何をしている

石段の中央に立ち止まって、雪の降りしきる空を見上げる将軍を、執権は見た。強がりを言っているが、将軍の不安と緊張が伝わって来る。忙しさのあまり、敵の存在を意識したもかの対策を怠ったと将軍には弁解した。許して欲しい。
噂のように、公暁そして三浦をそそのかした時期があった。しかし、幕府の転覆になりかねない動きには抵抗しなければならない。公暁は幕府が何であるか分かっていない。律令王権に対する幕府の政治的位置づけは三浦とて知らぬであろう。将軍様には何とか凌いで欲しい。執権義時はあたりを見回し、そばに居た弟の時房に、痛さを必死に堪える顔でつぶやくように言った。

「三浦殿がいないようだな」

「三浦様は、義村様の代理としての時村殿だけの参列です」

「代理で時村？」

「はい、御子息です」

「それ以外の一族は？」

「小者の警固兵以外は参加しておりません」

「そうか」

何を考えてか大豪族三浦一族はこの盛儀に参加をしていなかった。執権は思案げに首をひねった

―数多い三浦一族の強豪たちはどこで何をしているのか。まさか上皇と組んだ？

いや三浦が積極的にそんなことをするとは思えない。上皇と三浦にとって、北条は共通の敵、手を組む理由はあるが、今回はない。今、上宮に上ったのは公家ばかり、そして三浦は

いない。

義時の頭が目まぐるしく回転した。そして、時房に何やら耳打ちをして義時は腹を抑えながら「休息をしたい」と言って、あたふたとその場を去った。

執権も大江広元も反対だった

大江広元の不吉な言葉が六郎の頭にこびりつき離れない。噂(うわさ)程度のことは知っていたが単なる噂と意に介さなかった。美代の話は信じるが、急なこと、どうも実感が乏しい。しかし広元の涙は噂の域を出ていた。叔父なら教えてくれるだろう、と六郎は波多野弥次郎友定を警固の兵の中から捜し出した。

なぜ、東国の武人は、自らの将軍を嫌うのか。

叔父曰(いわ)く、この右大臣昇進は、執権も大江広元様も大反対で将軍を説得した。しかし将軍はその反対を押し切り、なんと、将軍自ら、この叔父波多野弥次郎を京に派遣して交渉に当たらせたと言う。京に派遣された当人が言うのだから間違いない。叔父は交渉など何もしていないという。既定の路線の確認に過ぎなかったと言った。

なぜ執権と大江様は反対だったか、と問うと叔父は一言、幕府の基本方針だから、と言った。

鎌倉幕府を立ち上げた頼朝様は、少なくとも東国の武人として、千年も維持してきた律令朝廷の支配に対抗する仕組み作りをしなければならなかった。東国の武人が一枚岩になることは最低条件である。平家も武人として武力を背景に律令王権に食い込んだ。しかし、京にあって、自らも王朝風になってしまった。朝廷にちやほやされて、結局してやられたのだ。頼朝様はその末路を知っている。清盛の轍（てつ）を踏まず、征夷将軍以外の官職を受けないと心に決めた。京にいて律令朝廷を担（かつ）ぎ、全国支配する方法も避けた。

さらに支配下の武人が官職を許可なく受けることを禁じた。朝廷の工作による武家勢力の分断を恐れたのだ。実朝様も同じだ。

松田の波多野有常が右馬允（うまのじょう）の官職を許可なく受け「美濃墨俣（すのまた）より東に来るな、京で上皇に尻尾（しっぽ）を振っておれ」と付き離されたことを知っておろう、と叔父は同族の一人の名を出した。

さらに叔父は、実朝様が右大臣になり、朝廷側の組み込み策が成功したと言った。もともと国家内国家だったが朝廷は、幕府が朝廷の一部門に過ぎないことをはっきりさせたかったと。

「征夷大将軍であれ、朝廷の命令に従わなければならない。朝廷が強制できなかったのは、力がなかったから。ならず者を放置するのと同じだ。少し力を蓄えたのかもしれんな」

と首を傾げた。

「西国にもっと目を光らせないと又戦いになる。分かったか、幕府が反対するのは当然だろう。執権も大江様もさすがに幕府を切り盛りする大政治家だ。だが外の御家人が昔のままで野蛮だ。その野蛮人が右大臣拝命の意味を理解した。これはやばい。お互いに破裂しそうだ」

これが叔父の意見だった。最後の方は、しきりに何かを心配していたが、六郎には理解できなかった。さすがに波多野弥次郎はこの時点で後鳥羽上皇が仕掛ける承久（じょうきゅう）の乱の臭いをかぎ取っていた。

律令朝廷と荘園

恥ずかしながら、ぽっと出の足柄山の猿は何も知らないので、もっと具体的に教えて欲しい、と六郎は叔父に教えを請うた。

「今のお話の律令朝廷と、頼朝様が考える武家勢力をまとめ上げる仕組みとはどのように考えれば良いのですか」

「あれっ？　それじゃあ、今までの話は理解できていないな。まあ一か月では仕方がないか」

と笑いながら、叔父の弥次郎は、河村の六男坊では致し方ない、どこの一族にも共通することだが、お前が理解しやすいよう波多野一族を例にとろう、と話し始めた。

「丹沢山麓の、あの原野を開発し、田畑にしたのは波多野一族だ。詳細は知らないが朝廷の出先組織の国衙（こくが）（役所）との間に例えば三年間免税とか、三代に亘（わた）って私有して良いとかの取り決めがあったはずだ。ところが年月を経て作物ができるようになると、年貢だけでなく、領地を奪いに来るのがいる」

「えっ、山賊？」

「違う。国司だよ。国衙（こくが）の長だ。せっかく波多野が開発した土地を取り上げようとする」

「えっ？　なんで」

「もともと律令制により土地は「公地公民」であり、私有は認められない。国家のものなのだから、開発された土地も国、国衙のもの。これが国司の言い分だ。国の成り立ちからの仕組みだというのだ」

六郎の耳に、「公地公民」などという死語が入ってきた。

「知らないから悪徳国司の言いなりになってしまう。じつは聖武天皇の御代に、「墾田永世私有の詔」が出ていて、開墾した土地は永久に私有して良いとの詔が出ているのだ。そんなことは知らない波多野の方は、せっかく開発した土地を取られてなるものか、と、その国司を黙らせる方法を考える。考え出したのが、その国司より上級の貴族に頼んで、国司に無理を言わせないという方法だ。頼んだのが摂関家冷泉宮で、額は知らんが、例えば毎年三百石送るから領地を守って欲しいと依頼した。要するに口利きだ。ずる賢く、せこい奴はどこにもいる。知らないと直ぐ騙される。お前も気をつけろよ」

摂関家は相模国国司に睨みを効かすだけで口利き料が入って来る、いわゆる利権である。断ることはない。彼らはこの利権で潤っているという。

御恩と奉公

全国くまなく、一千年継続した土地制度である。律令王朝はこの土地の年貢と荘園の利権で成り立っている。

「口利きにより、国衙の横やりは入らなくなったが、毎年三百石も受け取りながら、摂関家に波多野の領地を守る義務はない。土地を奪いに来る荒くれ者を相手に自力で撃退しなければならない。そのため領主は武装する。そうして武士が誕生した。武士は、平時は武芸の鍛錬に汗を流し、一旦事があれば弓矢を持ってはせ参じ、戦いの場では身命を賭して相手を倒し、敵を殺すのが役割だ」

六郎はなるほど、と聞き入った。年貢を支払うのは致し方ない。しかし、口利き料を支払うなどおかしい。正義感が強く、世間知らずの素朴人間の六郎は腹を立てた。叔父に言わせれば、最初の取り決めなど、国司が代われば、そんなことは「知らぬ存ぜぬ」なのだそうだ。京から来た役人はもっぱら私腹を肥やすことに懸命になる。何時の時代も変わりない。

「そんなことがまかり通る、東国は僻地なんですね」

「そうだ僻地だ。京の人間、朝廷の人間は東夷と言って馬鹿にする」

叔父は何も知らずのほほんと育った六郎の頭脳を笑わず、丁寧に答えた。

「東国の在地領主は、自らの土地を強奪される不安から纏まった。そして自分たちの代表に源氏の貴種である頼朝様を選んだ。いざというとき自分たちの権利を守るために武力行使を辞さない、京の朝廷と交渉を進めるために無難な選択だった」

叔父の弥次郎は優秀な故実家のようだ。大江広元あたりに学んだのかもしれない。

この主従関係は、主人が従者へ与える利益を御恩、従者が主人へ与える利益が奉公、つまり頼朝様のために命がけで戦い（奉公）、褒美として新領地（御恩）を貰う。もう一つが、元々持っていた土地を、奉公することで保障してもらう（安堵）である。

「石橋山の旗上げ以来、奉公したのだから、御恩があってしかるべきで、その交渉に頼朝様は、守護地頭の設置をしたいと朝廷に求めた。平氏を壇ノ浦に攻めを滅ぼしてほぼ半年後だった。

朝廷の返事がはかばかしくないので。頼朝様は荘園制の上に武家体勢を築き上げた。幕府の御家人を守護地頭にして地方に派遣して律令国家の法体制などを監視するというものだ。ところが律令国家の有力な荘園の本所的領主である公家、貴族と社寺が言語道断と猛反発して、強烈な抵抗に合ってしまった」

武力はあるのだから、そこで頑張ってしまえば違った結果になったと思われるが、頼朝には前代の律令王朝を打倒して、武家による法的国家を作る問題意識はなかったようだ。頼朝の先祖を辿れば清和天皇に至る。彼には宗家を滅ぼすことなど思いもよらなかった。革命思想はなく、そのあたりが東国武士に人気がある平将門とは違った。単的に言えば、頼朝は権威に弱かった。

国家内国家

そして妥協した。結果、平氏の所領のみが御恩の対象になった。波多野は石橋山合戦に参戦しなかった廉(かど)により波多野本荘南方は北条時政殿の所領になってしまった。新任の地頭は荘園・公領の管理・治安維持の任務に当たった。

頼朝の律令王権に対する扱いは慎重を極めた。幕府創設当初から、幕府の存在自体が律令制国家の全面否定ではなかった。そして京都と鎌倉を根拠地として二重構造国家内国家が成立した。

年貢は元々の本家（本所）に納めることで、天皇を頂点とする本家、領家の懐は痛まない。

頼朝には律令体制を改廃する意志はなかった、位階を求める意志もなかった。

頼朝に前代の王朝を覆し新政権を立てる意志がないとみた朝廷側は、幕府の統領である鎌倉殿、頼朝を通してのみ交渉相手とした。もはや幕府の武門の考えなど通用しなかった。その結果、頼朝の朝廷に対する妥協が、そのまま幕府が朝廷下に包括される度合いを象徴するものになってしまった。しかもそれは幕府の家人の預かり知らぬ奇妙なものだった。

無理からぬ点もあった。頼朝の周囲にいた東国の武人は、誅殺により秩序を作り上げて来た生き残りである。野蛮、無学文盲で、政治的経験もなかった。単独で朝廷貴族と協議などできるはずがない。何より訛りが強く、頼朝という通訳がいなければ話は通じなかった。当時の頼朝の判断は致し方なかった。これが、二重国家の象徴として源家三代が重要であった所以である。

そして執権北条義時やその子泰時が政治的に成長し、律令国家と直接交渉する方法を体得すると、象徴が担っていた京との架け橋が不要になる。この象徴の終末に実朝は位置していた。実朝に非があるのでなく、頼朝以来の制度が通用しなくなっていた。

実朝の結婚

六郎は、どうしたらの良いのか全く分からなくなった。聴いている限り実朝様の居場所はない。やはり俺は、ぽっと出の山出しだ。肝心なことは何も知らないのに、大きなことを言うアホだ。

分からないまま、六郎は将軍の安全確保のため上宮裏山に向かった。直感が、公暁が危険人物だと教えている。公暁を見張れば、事前に凶事を防止できるに違いない。

繊細な実朝様だ、自分の置かれた立場から、「死」を考えておられる。今日の会話など本音を隠したそればかりだった。異常に落ち着いた、あの明るさから言えば、拝賀の儀を死に場所と考えているかもしれない。あるいは成り行き任せを決め込んでいる。孤独感の原因が分かるような気がする。しかし、少なくとも実朝将軍に何の非もない。あるとすれば京かぶれだけだ。あれは六郎とて嫌いだった。

他人に迷惑を掛けているわけではないが、京かぶれは、東国の武士にとって鼻持ちならないどころか、侮蔑(ぶべつ)の対象そのものだった。

将軍は十三歳の時に京から高級貴族の娘を妻に迎えている。東国の名門家の息女を娶(めと)る予定を破棄してのことだった。

これが東国武士の実朝将軍に対する評価を決定づけた。十三歳の多感な少年は、都のお姫様に憧れたのかもしれない。

初代将軍、政治家の頼朝は誰を妻にすべきかは心得ていた。伊豆の片田舎、当時、吹けば飛ぶような北条氏の娘を、武家の名門源氏の棟梁の正妻として迎え入れた。関東の武士からすれば、これこそ我らが代表としてふさわしいと感じ入る。そして生涯大切にしたのだ。

その妻政子は実朝の、京のお姫様との結婚は反対だった。それを押し切って実朝は京のお姫様を選んだ。これには東国の男も女も怒り狂った。東夷と自分たちが否定されたと感じ、将軍が京の権威におもねたと思った。六郎は何度か御台所を見ている。あの方なら、美代の方がよほど良い。ぶつぶつ独(ひと)り言を言いながら六郎は、雪道を脱兎(だっと)のように三浦邸の横から八幡宮の裏山に続く道を登った。途中に上宮に通ずる脇道がある。山育ちゆえ山中を駆け抜けることだけは慣れている。

誰もいないので独り言が大きくなる。執権だって、頼朝様の時代から時を経ているのだから、建て前重視の朝廷に対する強い方針を打ち出すべきだ。よく分からないが、律令王権なんて否定してしまえば良いんだ。そうでなければ実朝様は居場所がない。朝廷に遠慮することなどない。この辺りの雪は水分が多く重い。山には慣れていてもこの雪には悩まされる。

杞憂

石段を上り切った実朝を、儀式を行う神官僧職たちが本殿の回廊で出迎えた。

実朝はその中に八幡宮の別当である公暁の姿が無いことが気になった。

―問違いなく何か企(たくら)みがある。

大江広元の涙が目蓋(まぶた)に浮かんだ。義時の無念そうな顔が頭をよぎる。雅楽が演奏され、神官の祝詞(のりと)と神鈴が冷え切った神殿に響いた。清々しい鈴の音が、襲撃を待つ猛々しい気持ちをほぐしてゆく。落ち着くと、杞憂に過ぎなかったかと思ってしまう。思考が一つにまとまらないまま、進められた席に着いた。少し前、太陽が落っこちて来ても良い、と思ったではないか。

上宮背後の大臣山の麓には、八幡宮の僧侶たちが住む塔頭が建ち並ぶ。その一つの円乗坊から数人の山伏風の男が、多くの僧侶に送られて出て来た。

「天は我々の味方である」

降りしきる雪空を見上げ公暁が呟（つぶや）いた。踏み出すと雪は膝の下あたりまであった。鎌倉にしては珍しい。風が強く、雪が男たちの顔を容赦なく打った。嫌な顔もせず男たちは歩き始めた。顔に緊張感がみなぎっている。先頭が静慮坊の良佑、そして公暁、円乗坊の顕信、弥源太兵衛の四人である。いよいよ決行だった。

「本殿の中では実朝は一人、守る者はいない。襲撃場所としてはこれ以上の所はありません」

若い弥源太の主張は本殿の中だった。襲撃場所だ。駒若丸も同意見である。かつて蘇我大王家長子入鹿を中臣鎌足が矢を射て、中大兄皇子が討ち倒した「乙巳（いっし）の変」は神前での儀式の場であった。弥源太たちの主張の方が正しいかも知れない。しかし、次の将軍になる公暁は、源氏の氏神である八幡大菩薩の神殿を、血で汚すことに抵抗があった。

裏門から境内に入ると風に乗って、上宮から祝詞（のりと）がかすかに聞こえて来た。裏手に警固の兵の配置はなかった。

下宮は、武装兵はいないが敵陣である。となると、上宮と下宮の間の石段以外に襲撃場所はなかった。石段の横に大きな銀杏の木が立っている。手筈通り、その銀杏に隠れて一行が下りて来るのを待つことにした。少し前一行が上った足跡は既に雪に消されている。連中が降りて来ても狙いは二人、外の公家たちは逃げ出すに決まっている。深追いはしない。問題はこの雪の中、下りて来るかどうか。公家は間違いなく二の足を踏むが武人なら下りてくる。

風が木々を揺すり、枝に積もった雪を吹き飛ばしている。時折かなりの量の雪が公暁たちの上に落ちて来る。暫く我慢をしなければならない。上宮から、鈴の音が聞こえて来た。石段の雪かきをするのか二人の僧が下宮から出て来た。

「まずいな、ここに潜んでいるのが、バレたらまずい」

公暁は二人の僧が近づくのを待った。

六郎は警固兵の目を避けながら、上宮に侵入、社殿を抜け八幡宮背後の丘陵に踏み込んだ。この先の御谷に公暁、そして彼を支援し将軍を襲撃すると思われる僧が潜んでいると推理したのだ。社殿を抜け山道に分け入って六郎は反省した。かがり火があるところでは不自由しなかったが、山中は雪明かりだけ、しかも吹雪いている。知らぬ地でもあった。素早い行動ができない。峰を下って行けば御谷、反対側にいけば大臣山を経て三浦義村邸にたどり着く。

足跡があることに気が付いた。数人が直前に歩いたと思われる。六郎とは反対方向を目指している。素朴で単純な六郎は疑念を持たず気にも止めず、足跡の逆方向に向かった。山育ちは人を疑うことを知らない。後にこの判断が悔やまれることになる。

御谷は南谷、東谷、北谷の三つの支谷に別れ、八幡宮の別当や供僧が住む塔頭が点在する、いわば小さな寺町である。六郎は足跡を追いつつ行き着いた最初の南谷の塔頭に入った。

小さな庵である。「静慮坊」とあった。灯りはなく静まっていた。しかし、六郎の研ぎ澄まされた気が、庵に充満する殺気を察知した。刀に手を掛けると闇が動いた。黒頭巾の僧であった。二人が同時に長刀を振り下ろした。一瞬早く右の僧の胸元に飛び込み、急所に蹴りの当て身を食らわせ悶絶させ、もう一人と対峙した。暗さに目が慣れた六郎は、素早く後ろに回り長刀を奪い、黒頭巾をむしり取った。子供のような僧である。雪の上に這いつくばり、泣き出した。気の毒に悶絶させた方も小僧だった。

二人の小僧は、足手まといになると置いて行かれたと言った。六郎は慌てて、いま来た道に飛び出した。

白雪を真紅に染め

風が出て来たようだ。研ぎ澄まされた実朝の耳に枝の雪を吹き飛ばす風の音が聞こえる。蝋燭の炎がかすかに揺れ、長い祝詞を終え、神前で次の準備をしている神官の影が揺らぐ。

公家たちは実朝の後ろに控えているが、不平不満はあっても闘争心はかけらもなく、部屋に殺気は感じられない。しかし油断はできない。襲撃場所はここ以外にない。実朝も弥源太たちと同じように判断していた。ここしかない。隣室に酒席が用意されていた。

―武器が欲しい。襲われたらあの燭台（しょくだい）を使おう。

また長い祝詞が始まった。そして神官が将軍に近づき頭を下げさせ鈴を鳴らしお祓（はら）いをして、幣を手渡した。幣を手にした実朝の脳裏に突如として初めて会った時の陳和卿（ちんなけい）の言葉が蘇（よみがえ）った。

「白雪を真紅に染めて横たわるあなたが見えます。正月のことです」

実朝に生き方を変えなければ、あなたはこうなると和尚は言った。あれは今日のことだったのだ。混乱をした頭のまま実朝は幣を神前に奉じた。隣室で正宴が行われ杯が交わされ、楽や舞が催されたが、襲撃者に気を取られ何もかも上の空である。実朝が退出したのは亥（い）の刻（午後九時）を少し回っていただろうか。

太鼓が鳴り渡り、儀式が終えたことを告げた。上の空のまま口にした酒が実朝の顔をほんのり染めていた。回廊に出た。酒には強いはずだが、少し足を取られる。知らずに飲み過ぎたかもしれない。こんな時に、と反省をした。

―何もなかった。思い込みにすぎなかったのだろうか。

実朝は、張り詰めていた気が、抜けていく感じがする。襲撃場所は内宮以外にないはず。ホッとした実朝の顔に大粒の雪が当たって溶けて流れた。その冷たさに我に返った。寒い。風は激しさを増していた。

しばらく休んで小降りになるのを待たれたらどうか、という神官を振り切るように行列は出発した。来たときと同じ行列である。火の気が少なく寒いこの場を早々に去りたかったのかもしれない。

しかし、回廊を出て、数歩動いただけでその行列は止まった。石段の下、漆黒（しっこく）の闇の中から雪が湧き上がって来る。中央部分に御座が敷かれていた筈だが、既に完全に雪の下に隠れている。公家たちはこの石段を下りるのをためらった。無理はなかった。積雪で石段の段差が無くなり、上から見ると、大げさに言えば足を踏み出しようがない絶壁に見え、その先は漆黒の闇に消えている。公家の何人かと打ち合わせをした坊門大納言信清が実朝に歩み寄った。

「雪が小降りになるのを待ちましょう」

信清は実朝との会話には殿上人の言葉は使わない。しばらく待つのが当然の判断かもしれない。下宮にいる政所の者でさえ、下りて来ると思っていないのか、石段の雪を掃き寄せていない。掃いてもきりがないと思ったのだろう。儀式の終わりを告げた太鼓の音も、風と雪にかき消され、聞こえなかったのかもしれない。下宮に動く人影が見えない。

実朝は信清の言葉に頷きながらも、

「皆様方はこのままお待ち下さい。私は武家の棟梁（とうりょう）、この程度の雪を恐れていては下で帰りを待つ者に笑われます。私が下りて、雪を掃き寄せる指示しましょう」

と言って雪空を見上げ、そして歩き始めた。危険地帯を早く抜け出したい一心である。

―とにかくここを抜け出すことだ。

小降りになるまで待つと思っていた源仲章は、歩き始めた将軍に不服そうな顔をしたが従わざるをえない。近衛府の二人の武官が警護という立場から、

「やむを得ない」

と二人を追って歩き始めたが石段の上で下を覗き、足がすくんだ。下り始めた二人を見て

「さすが東夷だ」と小声でうそぶき、引き返した。

右大臣実朝を見くびっている。公家たちは既に宴の席に戻り、ごく自然に飲み食いを始めていた。

雪は二人が下り始めてから一層激しくなった。吹き上げる強い風は雪を伴い、まるで行く手を遮るように二人に襲いかかる。春先の、湿気を多く含んだ牡丹雪である。後の世に南岸低気圧と呼ばれる気象状況である。

顔を打つ風を実朝は片腕を上げて避けたが、鼻そして小さく開けた口の中に雪は容赦なく入り込んで来る。口の中に入ると同時に雪は溶けて消えた。その風と雪で石段のかがり火が消えた。雪明かりだけになった。

実朝は束帯を脱ぎ、沓を捨てた。既に冠は捨て去っている。仲章にもそうするように勧めたが、聞こえなかったようだ。座り込むようにして屈み込んで恐る恐る足を前に出す仲章のさまは滑稽である。仲章は武人ではない。付いて来なくとも良いと言ったのだが付いて来た。

束帯を脱ぎ去った実朝は何時もの武士の平装束になっていた。出かけの大江広元の言葉が

気になり、身軽に動くことの出来る平装束の上に束帯を重ねていた。足が冷たい。

親の仇、討ち取ったり

「来るぞ！　二人、上に行け。挟み撃ちにする」

何人もの公家が石段の下を覗いていたが、結局下り始めたのは二人だけだった。上宮で味方の神官から情報を仕入れた良佑が公暁のもとに駆け寄ってささやいた。かがり火が消え、石段の上から覗き込んでいた神官の姿も消えた。

「下り始めたのは実朝と御剣持ちの二人」

わずかだが顔に笑みが浮かんでいる。成功を確信したような笑みである。

「よし、邪魔者は誰もいない。天は我等の味方だ」

公暁の声もやっと聞き取れる小さなものだった。公暁は、二人が通り過ぎるのを、息を押し殺し、じっと待った。通り過ぎたら下に回り、駆け上がり打つ計画である。寒さも気にならなくなった。

大銀杏の方で何か動く音がした。

「雪でも落ちたかな」

実朝が立ち止まり、腰を伸ばし、顔を上げてつぶやいた。石段も残り少しだった。その実朝の目の端が駆け下る黒装束を捉(とら)えた。その瞬間、背後で強烈な殺気が膨らみ、そして弾けた。刀が空を斬る音がした。本能的に身を屈(かが)めた。頭上が斬り裂かれた。とっさに避けたことでバランスが崩れ、足が滑った。実朝は雪の石段を転がった。

転がりながら、四人の山伏風の兜巾(ときん)をかぶった男を見た。男が刀を振り上げた。また数段、転がった。駆け寄った山伏が刀を振り下ろした。思えば、息苦しい予感に余りに長い間、馴(な)染(じ)み過ぎていた。解放されるのかも知れない。

「親の仇かく討ち取ったり」

立ち上がろうとした実朝の背後で又殺気が弾けた。再び刀が空を斬る音がして、今度は背中に激痛が走った。血が飛び散る感じがした。また転がった。山伏の声と断末魔の絶叫を、薄れていく意識の中で聞いた。

二つとも首がない

招集太鼓を打て

六郎は実朝の声を聴いた気がした。ようやく八幡宮の裏門にたどり着いたころだった。

――えっ？　遅かった。

と思いつつ上宮の殿中横を急いだとき、反対側の殿中横を何者かが逆方向に駆ける気配を感じたが、そのまま石段を駆け下りた。

下宮にいた北条時房は人の叫び声を聞いたような気がした。外は吹雪いている。

――風の音かな。

帰りが遅いと思ったがこの吹雪では下りて来られないのだろうと勝手に納得をした。それにしても儀式が終えたことを告げる太鼓の音がない。下宮にいるのは御家人の中でも要人ばかり、それも年寄りが多く、彼らは寒さに震え、かがり火から離れられないでいる。

時房は先ほどの声が気になり、外へ出て石段を見上げた。かがり火が消えている。石段の中央の大木が黒々とそびえ、風に枝を激しくなびかせていた。人影が動くのが見えた。何者かが、雪を蹴散らし駆け下りてくる。

「曲者！」

とっさの時房の大声に御家人が反応した。遅れてはならじと雪の中へ飛び出し石段に駆けつけた彼らは紅く染まった雪の前で立ち止まった。そこに血まみれの二つの遺体があった。二つとも首がない。しかし、衣装から見て将軍と御剣持ち役であることはすぐに分かった。雪は相変わらず激しく降っている。息せき切って、駆け降りて来た六郎は実朝にすがりついた。

御所への第一報は義時の長子北条泰時であった。泰時は三浦時村と同じ随兵であったが状況を素早く判断した。

「将軍が何者かによって暗殺されました」

「なに！」

義時は何かを言おうとして絶句した。

「……」

珍しく冷静さを失った。ぞくぞくして寒気がする。声が震えた。

「しかと間違いないか」

「二つの御遺体とも首がありませんでした」

「二つ？」

「はい。もう一つは御剣持ち役をされていた源仲章さまと思われます」

「何！　御剣持ちが？」

「そう言えば父君はどこで代われたのですか？　御運が良い」

鳥肌が立った。あそこで代わっていなければ自分がやられていた。

―狙いは将軍とこの私だった。下宮で自分と仲章が代わったのを知っている者は少ない。代わったことを知らずに御剣持ちを殺した。三浦？　義時に怒りが込み上げて来た。三浦と公暁の顔が義時の目蓋（まぶた）に浮かんで消えた。二人は笑っていた。

―おのれ、許さん！　怒りで顔が紅潮した。

「兵を集めろ。招集太鼓を打て、御家人を御所に集めろ。今夜中に謀反人を捕らえろ、急げ！それから、駆け付けない御家人を調べ上げろ。遅れると取り返しが付かないぞ」

顔は怒りを顕(あらわ)にしていたが指示は冷静そのものだった。

―将軍の死は無駄にしない。

義時は、三浦との戦いが始まったと思った。三浦が動く前に御家人を御所に集めることが勝敗の分かれめになる。

「それから、近習の河村六郎が、狂わんばかりの血相で、血痕を追い石段を上って行きました」

義時は、「さもありなん」と頷きつつ、別のことを考えていた。

―三浦が公暁を推し立てて御家人を集め出したらこちらの負けだ。先手を打てば、これまで巧みに危険を避けながら利を拾い、地位を築いてきた臆病者の三浦は動けないだろう。その程度だ、あれは。自分を木偶(でく)人形だという実朝将軍ですら信じた道をまっすぐ進もうと努力していた。力がありながら、立ちはだかる山谷を超えようとしない三浦などに天下を治められる訳がない。さあ、来るなら来い！

義時に闘志が湧いて来た。御所内は、にわかに慌ただしくなった。

今、将軍に欠あり

三浦の屋敷は八幡宮に隣接をしている。この屋敷で一族の主だった者が拝賀の礼に参列しないで酒を酌み交わしながら現場の報告を待っていた。

にわかに外が騒がしくなった。早駆けの馬の蹄（ひづめ）の音が聞こえて来る。「まだか？」義村はイライラしながら時村を待った。境内で何等かの事件があったのは小者の報告で分かっていたが、現場にいる時村から詳しく聞きたかった。

「やはり、あやつでなく、駒若丸をやればよかった」

時村が愚鈍に思えた。拝賀の礼に参列をする時村には計画を伝えていない。お人好しで正義感が強く口が軽い。計画が漏れるのを恐れたからだ。表門が騒がしくなり、待っていた時村がようやく現れた。

「将軍家がお亡くなりになられました」

時村はすべてを省略してこれだけを言った。時村なりに急行したと見えて息せき切っていた。もっと驚くと思っていたのだろう、時村はあまりの冷静な反応に思わず義村の顔を見詰めた。

「うむ、お一人か？」

「えっ？　もう一人、御剣持ちが斬られておりました」

「そうか、よしご苦労であった」

義村の言葉に時村は唖然（あぜん）として周囲を見回した。一同もまるで予期をしていたかのような反応である。時村はまだ現場の状況を言い尽くしていない。

義村は、長い間、目の上のこぶであった義時の死の報告に、肩の重しが取れて身軽になった自分を感じた。

「さあ、準備は良いな。機は熟した」

義村はそう言って立ち上がった。駒若丸が真っ先に父の声に応じ、つられた様に一族の者が立ち上がった。時村はきよとんとしている。

低い太鼓の音が聞こえて来たのはその時だった。鳴り通しである。太鼓の音は積もった雪に吸収されるのか、何時もより小さく聞こえる。

「なんだ、あれは」

「招集太鼓のようだが」

「……」

両家の長子である北条泰時と三浦時村との頭の回転の違いが結果として現れている。情報にいち早く接した北条は既に臨戦態勢を敷き、御家人を呼び集めていた。義村に不安が芽生えた。

—義時亡き後の北条に、御家人を太鼓で呼びつけられる者がいるのか。尼御台？　時房？　泰時？　いや違う、あれらではない。義時が生きている？

「時村、義時は確かに死んだと言ったな」

「はっ。将軍と御剣持ちのお二人が亡くなられたと。ただ、二つとも首がありませんでした」

「何、首がない？」

「はい。しかし、衣装から見て将軍と御剣持ちであります」

時村は自分が責められているように感じたのか、現場の状況を叫ぶように告げた。義村はぶつぶつと自問自答を繰り返した。頭が混乱をしている。

　裏門の方が騒々しい。門を叩く者がいる。

「何者だ」

　義村はいら立っている。

「はっ。公暁さまの使者だとも申しております。お連れいたしますか」

　手筈通りに進んでいた。

「使者は何と申しておる？」

「はっ、使者の口上は『今、将軍に欠あり、我、東関の長にあたるなり早々と計議をめぐらさるべし』と申しておられます」

「そうか、分かった。行く」

　立ち上がった一族の者たちは、苦渋に沈んだ義村の顔を見て、気勢をそがれ、またしゃがみこんだ。計画通りに進んでいた。しかし、義村は招集太鼓の意味するものが分からなかった。石橋を叩いても渡らない性格である。義村は裏門に行き使者に塀越しに「公暁様にお伝え下さい。まずは我が蓬屋にお越し下さい。お迎えの兵を向けますので、それまでしばしお待ち賜りたいと」

　と怒鳴った。

　小さく返事をする声が塀の向うで聞こえた後、雪を踏む音が遠ざかって行った。一人のようだ。

将軍の仇を討つ

その頃、暗殺者を追って甲斐の武田信光と三浦の長尾定景が先陣を競っていた。二人とも八幡宮の警固役として下宮の回廊の近くにいた。少し遅れて六郎が付いている。大騒ぎをしている御家人を尻目に、雪の上に点々とある真紅のしるしを頼りに八幡宮の背後の御谷に入った。六郎には、さっき通ったばかりの道である。

南谷で公暁に味方する悪僧たちの抵抗にあい小競合いとなった。これを圧倒的な力で排除した。ところが武田信光が雪の上の紅い点を指差し失敗したという顔をした。小競合いで傷ついた悪僧たちが四方へ逃げた為、雪の上の赤い血潮が四方に散り、暗殺者の行方を見失ってしまったのである。

暗殺の首謀者が公暁であることはすぐ分かったが、その行方の手がかりがなくなってしまった。御谷の僧たちの口は固かった。

長尾や武田は南谷、東谷はくまなく捜したが、吹雪烈（はげ）しく、小競り合いで若干の時を経過したこと、夜分のこと、もはや公暁を見つけるのは無理と考えたのだろう、諦め三浦屋敷に戻って行った。

六郎は諦めなかった。白雪の上にくっきり印（しる）された真紅の血の跡を見つけ辿（たど）った。行き着いたところが北谷（きただに）の備中（びっちゅう）阿闍梨の坊であった。実朝の首が導いた。

北谷の阿闍梨の坊に逃げ込んだ公暁は食事を摂(と)っていた。その間も実朝の首を手から離さない。六郎は納屋に忍び込み、公暁を見張ることにした。公暁は弥源太兵衛尉を呼んだ。顔は見えないが興奮した大声は意識せずとも耳に飛込んでくる。弥源太が使者として飛び出して行った。行き先は三浦義村邸のようである。

将軍の仇を討ち、首を取り戻したい。六郎は、はやる気を力任せに拳を握って抑えた。争いで実朝様を傷つけるわけにはいかない。負けるとは思わないが、公暁もかなり腕が立つと聞く。

夜は更けていった。雪が止む気配はない。それにしても、何もかも心得、何もかも見通していたのに、泣き言一つ言わないで死んでいった。なぜだ。また無念さが込み上げて来た。大声を出したい気分に駆られるが、仇は板戸の向こうにいる。

今日の出来事が頭を巡る。殺戮者は公暁、黒幕は三浦義村。忘れていたが、もう一つ遺体が転がっていた。執権ではなく源仲章様であった。出発直前に代わられたのだろう。おそらく実朝様の下知だ。そうでなければ、文人の仲章様が、そうそうたる武人がおられる中、御剣役を努められるわけがない。こんなことでも将軍様は武人に嫌われてしまう。おかわいそうに。

公暁の使者を返した後、義村は一人奥に篭（こも）った。駒若丸が「早く下知を」としきりに言うが判断がつかなかった。計画通りに運んでいるが、なぜかどこかに綻びが生じているように思えてならない。

―将軍が亡くなれば御家人たちは次の将軍に源氏の血の最も濃い公暁を推し立てるに違いない。

と予測し、またそう仕向けて来た。だが何故か御家人たちは執権の招集太鼓に応じて御所に駆けつけているらしい。

―何故だ？　将軍はいないのだ。太鼓で御家人を集められる北条の力は何だ。

義村の妻は公暁の乳母であった。乳母関係は主従関係をより緊密にした。源氏の血を引く公暁と三浦氏の関係は極めて深い。

しかし、東国の武人には京の権威への蔑み、文化への憎しみがあり、源氏の血は、もはや、さほど尊ばれなくなっていた。これを義村は読み違えた。加えて、執権義時、その子泰時は、朝廷と渡り合えるまでの政治的力を身に付けた。

相変わらず太鼓は鳴り響いている。耳障りだった。北条相手の、この一戦に勝てば自分は将軍を補佐する執権として一族の者を引き立て、幕府の要職につけ一族の繁栄を築くことができる。逆に、自分の判断に、もし過ちがあったら一族に明日はない。女、子供は路頭に迷うことになる。いや、子や孫に至るみな殺しになるやもしれん。

「お屋形様！」

思考をめぐらせているところに駒若丸が大声を上げ駆け込んで来た。

「執権は生きているようであります」

駒若丸の顔に信じられないといった表情があった。

「なに！」

「義時は具合が悪いといって、直前に御剣持ちを源仲章と代わったようであります」

体中の血が引くのを義村は感じた。下唇を噛む顔に薄笑いが浮び、そして目が潤んだ。「時村を呼べ、全く巧くいかないものだ。いや、これで良いのかもしれない。私に運がない、それに比べてあやつの強運はどうだ。」

義村は長子、時村を執権北条義時のもとへ走らせ、公暁の使者が自邸を訪れたことを密告させ、いかにすべきかの伺いを立てた。時村はすぐに帰って来た。

「阿闍梨公暁を誅し奉るべし」

義時の答えは公暁を直ちに殺せと言うものであった。御所内部では源氏は実朝で最後と思われていたのだ。公暁は源氏の貴種ではあるが、これより謀反を起こした大罪人になった。

降りかかる火の粉を予兆する才能に満ちた義村である。まずは北条の追っ手の兵を伴っていないことを確認した。

「はい、それがし一人でございます」

「そうか、やはり北条は三浦の動きを見ている。御家人は集まっていたか」

「はい、ほとんどの御家人が…」

「そうか。分かった」

公暁、三浦邸へ

「遅い！　義村は何をしておるか」

　迎えをやるとの三浦の返事に、期待をしながら待っていた公暁は、遅い迎えにいらいらを募らせた。じっとしていると不安が芽生えてならなかった。今日の出来事が蘇っては消える。石段を下りて来た二人を斬ったのは間違いない。実朝の首を刎ね、もう一人は後ろからの袈裟斬りで瀕死状態だった。生きているとは思えない。

　──計画は成功した。不安材料など何もありはしない、と自分に言い聞かせたが不安は募るばかりであった。

　──もう待てない。

　公暁は塔頭を飛び出した。山道が近道である。何時も通った道だが裏口から出て驚いた。山道は完全に雪で覆われていて、踏み跡もなく踏み出すと膝辺りまで足は沈んだ。待つべきか、行くべきか悩みながら歩き始めた。疲れの為か足が重い。気持ちだけがあせっている。

　その後を、六郎が気づかれないように追う。あの血にまみれた布の中に実朝様の首がある。

傷つけず奪わなければならない。行き先が黒幕だ。

大臣山の頂上辺りで雪を踏む足音を聴いた。この道は公暁が密かに三浦邸に通うことでできた道である。三浦以外に知る者はいない。

―やっと来たか。

公暁はほっとして、そこに立ち止まって威厳をただし、待った。

公暁を見つけて立ち止まったのは、やはり三浦の屋敷でよく見かける長尾定景などの兵であった。六郎は木陰に隠れて見守ることにした。

うれしさのあまり公暁の顔がほころんだ。しかし、相手は笑うことなく感情を押し殺した表情で、公暁を囲み、刀を抜いた。枝に積もった雪が音を立てて落ちた。味方の迎えと信じた公暁に油断があった。後ろから跳びかかった雑賀次郎に組み伏せられた。前のめりになったとき、持っていた首は弾みで放り出され、山中を転がった。

「私は公暁なるぞ、なにかの間違いだ。義村を呼べ」

助けを求めて三浦義村の名を呼ぶ公暁に、長尾定景は哀れを覚えた。目頭が熱くなった。

長尾は警固役として公暁を追ったが、三浦屋敷に戻ってから編成されたこの追っ手になるのは辞退した。事情を知って、踊らされた公暁が可哀想になったのだ。裏切りを続ける三浦に嫌気がさした。しかし、誰もが嫌なことだった。嫌な仕事は新参者がしなければならなかった。

―ああ、嫌だ。

しかし、公暁は噂通り豪勇の者であった。組み付している雑賀次郎をはね飛ばし、斬り散らし、斬り散らしながら義村邸の板塀まで達し、板塀を乗り越えたところで背に矢が数本突き刺さった。静かになった。多勢に無勢であった。

公暁の首に関心が行き、誰も実朝の首に関心は示さなかった。公暁この時二十歳。

由比ヶ浜の廃船

実朝の葬儀は翌日、戌の刻、勝長寿院で行われた。実朝の首は見つからなかった。『愚管抄』は実朝の首は岡山の雪の中より求め出たりとしている。岡山とは丘のように低い山の意味で公暁が辿った大臣山のことである。雪の中にあった？　そんなことはない。公暁が取り押さえられたとき、山中を転げ落ちた首は六郎がこっそり拾い上げ、隠した。

おそらく西谷から大臣山、三浦邸までの道はくまなく、雪を掘り分け探索されるだろう。ならば違うところに、と閃いたのが由比ヶ浜だった。廃船のどこかに、それが一番良い。実朝様が宋に渡る夢を育んだ、お気に入りの場であった。一時の隠し場所として最善であると信じてそこに隠した。目撃者などいなかった筈である。

執権に暇乞いをして、直ぐにでも旅立つ予定だった。死んだ後まで北条氏、東国の武人に見張られるのは余りに可哀想である。どこか誰も知らない地に葬ってあげよう。振り返った。

誰もいない。誰かに見られているような気がしたが、こっそり隠すときはいつもこう感じるものだ。六郎は自らを納得させた。

執権に暇乞いをするため、その場を離れたのは小半時であった。砂で被(おお)い隠した実朝の首は消えてしまった。何者かが持ち去ったと思われるが、手がかりは何もなかった。

第五章　首の行方

後鳥羽上皇大敗

承久の乱

実朝の急死により、鎌倉殿の政務は頼朝正室の北条政子が代行し、執権である弟の義時がこれを補佐することとなった。幕府は新しい鎌倉殿として雅成（まさなり）親王を迎えたいと後鳥羽上皇に申し出る。これに対し、後鳥羽上皇は、愛妾亀菊の所領である摂津国長江荘、倉橋荘の地頭職の解任を条件とした。

義時はあきれた。こんな私利私欲が許される政治が行われていたのか。未だかろうじて律令制の建前は残っている、上皇は公を代表する存在ではなかったのか。義時は拒否し、摂関家から将軍を迎えることとし、九条道家の子、三寅を鎌倉殿として迎え、執権は、その下で政務を司る幕府の事実上の最高責任者となった。

朝廷と幕府の緊張はしだいに高まり、朝廷と幕府の対決は不可避の情勢となった。

義時追討の院宣

先に動いたのは朝廷だった。承久三年（一二二一年）後鳥羽上皇は、直属の軍事力である北面・西面の武士をはじめ畿内、近国在京中の武士を総動員して、幕府と親しい貴族、西園寺公経・実氏親子を拘禁、京都守護の伊賀光季を襲撃して、これを討伐する挙にでた。同時に諸国の武士に対して、鎌倉幕府の執権北条義時追討の院宣を発した。後鳥羽上皇は、ひとたび宣旨を下せば、日本中の武士が朝廷側につくだろうと思っていた。

しかし事態はまったく逆の方向に動いた。ひとつの理由が尼将軍といわれた政子の必死の呼びかけであった。

「武家政治を始めて以来、官位と言い、俸禄といい頼朝殿から受けた恩義は山よりも高く、海よりも深いはず。しかるに不正な綸旨によって反逆者の汚名を着せられた。名誉を重んじるなら直ちに敵を討ち鎌倉の政治を守るべき。朝廷に味方したい人がいるなら今申し出るべし」

呼びかけに応えた東国御家人たちは、執権義時の指揮の下に結集して、背く者は一人としていなかった。鎌倉の武士たちは頼朝以前の悲惨な境遇を思い出した。公家に従う奴隷のような存在が武士で、身分は極めて低く公家たちに蔑視されていた。

義時の子泰時、義時の弟時房に率いられた東国十五か国の大軍が、京都を攻撃すべく西に進撃した。

後鳥羽側も畿内、近国を中心に西国の武士たちを動員して木曽川でこれを迎え撃ち、ここに列島をほぼ東西に分けた東国・西国戦争（承久の乱）が始まった。

しかし、戦いはあっけなく終わった。

東国軍は、木曾川を挟んだ戦いで、たやすく西国軍を潰走させ、さらに宇治川、瀬田川に西国軍が引いた防衛線も激戦のうちに突破して、京都になだれ込んだ。

こうして東国・西国戦争はわずか一か月で東国側の完全な勝利に終わった。

戦後処理

勝利した東国側、幕府は直ちに幼い天皇を廃し、後鳥羽を隠岐（いき）に、順徳を佐渡に流し、戦争の計画にかかわらなかった土御門も土佐に流した。幕府のこの未曾有の処置により、王朝の権力と権威は一挙に低落することになる。そのうえで出家していた後鳥羽の兄を還俗（げんぞく）させて、後高倉上皇とし、その子息を後堀川天皇として即位させた。

戦争計画に加わった貴族たちはすべて死刑を始めとする厳罰に処せられ、幕府の主導のもとに、王朝側は将軍の親族で東国側と緊密なかかわりのある西園寺公経と九条道家を中心に再編成された。

こうして天皇を頂点とする京都の王権は東国側の強い規制の下におかれることになる。後鳥羽上皇が謀（はか）った、武士から王朝側への政権交代は、結果的に幕府の体制の基礎固めとなった。以後、鎌倉幕府は、朝廷の権力を制限し、京都に朝廷を監視する六波羅探題を置き、皇位継承等にも影響力を持つ人事権を握るなど幕府主導の政治体制を固めた。また、将軍の代理人である執権職の北条氏が実質的に鎌倉幕府を支配する執権政治が百年以上続くことになる。

足利尊氏が再起動

鎌倉幕府が消滅し、足利尊氏が再起動した室町幕府は、脆弱な基盤の上に成り立つ政権だった。それでも織田信長により十五代将軍が追放されるまで二百四十年も続いている。

戦乱が止むことのない時代は続いた。草創期に東日本は関東公方が統治する形を取っている。関東公方を補佐するのが関東管領であった。関東管領は山内上杉氏が世襲していた。武士団は庶民とは関係ないところで争いを起こし、庶民を巻き込み戦いに明け暮れた。室町期の武家貴族はただ私欲のためだけに当主の位置に付きたがり、天下万民、百姓のためと言う要素は全く入っていなかった。

疲弊する農村、困窮する農民

この当時、関東八か国を実際に支配していたのは掘越公方ではなく、上杉氏であった。上杉氏には庶流があり、伊豆は山内上杉が、相模は扇谷上杉氏が守護を努め、相模の西側は小田原城の大森氏が東側は新井城の三浦時高が支配していた。両上杉が争う関東の情勢はまことにややこしく分かりにくい。

扇谷上杉を支える柱であり礎であったのが小田原城を支配していた大森氏頼である。結束は強く、相模だけでなく、関東全域に大きな影響力を持っていた。勢力圏は、西は箱根山、足柄山から丹沢山麓、足柄上郡、中郡、下郡、東は相模川までと広い。

氏頼が亡くなり、その後継者藤頼は凡庸な男だった。酒色に溺(おぼ)れ、政(まつりごと)を顧みず家中に乱れが生じ始めた。亡くなった大森氏頼には三浦道寸、大森定頼の孫がいた。この孫二人は力尽くで家督を奪いとっている。道寸は定頼の力を借り、養父を討ち、東相模を支配する三浦氏の家督を奪い取った。この時代、三浦だけでなくどこの一族も慢性的に騒動の火種を抱えていた。家督は実子か弟か？　これが争いの種である。家督相続に関する慣習法的なものが確立していなかったからと思われる。対象者にすれば、置かれる立場がまるで異なるのだから無理はない。家督も私欲の対象になってしまった。

小田原城も藤頼と甥、定頼の争いに発展した。家督を巡っての凄惨（せいさん）な争いである。丹沢山麓を含め西相模は乱れ農民は困窮した。年貢を両者が取りに来た。

戦いは定頼が勝利して大森の家督を継いだものの家中に大きな傷跡を残した。

伊勢新九郎早雲は伊豆の堀越公方足利茶々丸を滅ぼしたのち大森氏の後継者問題そして山内上杉氏と扇谷上杉氏の二氏の不仲をかいくぐり小田原城を奪い取った。

後の世の人は、この人の登場で戦国時代が幕開くという。群雄が割拠（かっきょ）し室町幕府による守護大名制が崩壊した。

源実朝の首

『新編相模国風土記稿』

時は、はるか下って、江戸時代末、相模国の地誌として昌平坂学問所地理局が編纂に携わった『新編相模国風土記稿』の波多野庄東田原村の金剛寺の項に実朝の首が登場する。

この金剛寺の寺伝に、実朝の首を三浦介武常晴が持って来たとある。

この人物は『吾妻鏡』や『三浦系図』などでは見当たらない。しかし、三浦半島の三浦庄内に竹村はあった。現在の横須賀市武と思われる。三浦一族の中に武姓を名乗るものがあったのも確かである。『吾妻鏡』には武次郎、武左衛門尉などが散見される。いずれも三浦の族人である。しかし、首をどうして入手できたのか、そしてなぜ三浦庄内の自領でないところに実朝の首を埋めたのか。

金剛寺縁起では三浦義村の武将長尾定景の郎従に武常晴があって公暁の落とした首を拾い上げて波多野に走ったとある。

小説家・葉室麟はその著書『実朝の首』でその辺りに触れている。和田合戦で討ち死にしたと思われていた和田義盛の三男、朝夷名(あさいな)義秀が波多野庄の廃館におり、武常晴に実朝様が殺されたら、その御首をここに持ってきて欲しいと、とんでもないことを依頼する。

三浦一族と和田一族は、元々は同族で、武氏は常晴の祖父までは和田に使えていた。常晴は裏切りを繰りかえす三浦氏に嫌気を指しており、朝夷名義秀の依頼を受けるが、まさか実現するとは思っていない。それが由比ヶ浜でその首を見つけ届ける。長編小説の導入部分である。

実朝の首を波多野荘に葬ったのは武常晴だとして、金剛寺は建長二年波多野忠綱が建立したとされている。石橋山合戦において頼朝に従わなかった波多野義常の弟が忠綱である。建長二年は百十三歳になる。波多野は本荘北方と南方にわかれていて、北方は波多野義常が自刃した後、その叔父に伝領され、南方は義常が頼朝に従わなかった廉で没収され、北条時政の所領になった。以降南方は重時、長時、久時、守時と極楽寺流北条氏に伝領された。金剛寺が建立されたという建長二年頃は執権義時の三男重時である。本領主系の忠綱がいたとしても同荘内においては傍流の存在であったと思われる。その忠綱に創建が可能だっただろうか。

高野山にも、由良にも

東田原にある実朝の首塚が、掘り起こされたことがある、とは聞いたことがない。しかし、室町のころに江戸荘小日向郷に移ったという説がある。東大本郷キャンパスに近いところで、寺は同じ金剛寺、開山は波多野忠経とある。地下鉄日比谷線の工事で墓は中野区の落合葬祭場の裏手に移転したが、こちらも金剛寺、開山は同じ波多野忠経である。よく見かける秀郷流系図には見当たらない名である。

母の北条政子が実朝の供養に高野山に金剛三昧院を建立し、胎内に遺骨を納めている。この遺骨は葬儀を行った鎌倉の勝長寿院に葬られた実朝の遺骸の一部と思われる。ところが同じ紀州、和歌山県日高郡由良町に実朝の近習であった葛山景倫（かずらやまかげとも）が建立した興国寺がある。葛山の実朝を思う行動が、実朝の死に悲嘆に沈んでいた母北条政子の胸を打ち、由良荘の地頭職が与えられ、頭骨を得て、安置、埋葬した寺と「紀伊国続風土記」の伝承に有るようだ。さらに、その伝承によれば、頭骨を二つに分け、一つは興国寺の五輪塔の火輪部に納め、一つは遠く中国明州育王山に送り、観音像の胎内に納めたという。

歴史上の事実は幾つもあった。

もう一つのミステリー、黒幕は誰か

後の世の人のもう一つの関心事が黒幕探しである。暗殺者公暁を操ったのは誰か。

執権北条義時を怪しむ人が圧倒的に多い。嫌疑を濃くしたのは、直前に「心神異例」という理由で御剣役を辞したことにある。代わった御剣役、源仲章が襲われているのだから疑われてもやむをえない。現場に居合わせた者のほとんどが疑ったに違いない。

本稿では「腹痛を起こせ」と将軍実朝が命じ、執権は退場、御剣役として実朝と行動を共にしたのは仲章である。実朝の指示は著者の想像力によるもので、この場面で実朝がとるべき策はこれしかなかった。江戸時代の頼山陽以来、事件の黒幕は北条義時であった、とする解釈が定説になっている。推理の王道である「誰が一番得をするか」の問いには馴染まない。実朝を殺しても義時には何の得もない。不都合が生ずることの方がよほど多い。実朝の生死に関わらず義時は幕府の執権である。

作家永井路子氏は、妻が公暁の乳母をしている三浦義村が、実朝が消えることで最も得をする人物として「炎環」を書いている。将軍と執権が同時に消えることで、自分に執権職が回ってくると目論んだ。執権を打ち損じるや公暁を裏切って、その口を封じている。説得力がある。御剣役が文官である仲章に変わるなど不可思議なことだとの批判はある。

ともあれ、実朝は暗殺された。彼は、自分の死の予感、禍々しい予兆にさいなまれながら、その時が刻々と近づいていることを知っていた。その時を覚悟して一日一日を送っていた実朝を思うとやりきれない。

『新編相模国風土記稿』が著わされた江戸後期よりもさらに後の世の人、現代人と実朝を近づけたのはこの実朝の生き方、死に方である。太宰治、小林秀雄、吉本隆明の叡智が古典詩人論を著わしている。執権の退場を促す実朝の指示は著者の想像力と記したが、著者も実朝の死は彼自身の意志と思っている。淡々と時の流れに身を任せ、ひとりの優れた詩人が消えた。

大海の磯もとどろに寄する波われて砕けてさけて散るかも

第六章　小田原北条氏と田原城、田原市場

新たな土地所有の形態

相模国の土地は北条氏の所有になった。力で手に入れた領地であり北条氏は前代の所領形態を打破した。前代の所領形態は、本家―領家―荘官―名主―荘民のように階層的であったが北条氏はこれを領主―領民の一元化を図った。

北条氏は民生に力を入れ、最初は四公六民の年貢の他は一切課徴しなかった。山内上杉氏は七公三民、不作の年など八公二民と無慈悲な取り立てをしていた。八割税金では農民は逃げるしかなかった。どこに逃げても慈悲ある領主はいなかった。北条の四公六民は破格であった。しかし四囲に敵を控えており、これを維持するのは並大抵のことではなかった。

早雲は、「能力のない者が権力の座にあるのは悪である」と考えていた。「上下万民に対し、一言半句も虚言申すべからず」と遺訓にある。領民にとって、こんな心優しく強く、民生に心を砕く領主の例はない。「碌壽應穏（ろくじゅおうおん）」すなわち領民の財も命も穏やかであるべし、が彼の理想であった。

既に老境に達していた伊勢早雲宗瑞は伊豆の湯煙りが離れがたいのか、韮山に居を据え、北条氏を名乗ることはなかった。小田原は氏綱に任せた。伊勢氏が北条を称するようになったのは、二代目氏綱からである。鎌倉時代の「北条氏」は、相模や関東の武士や庶民に馴染（なじ）

み深いものがある。氏綱はあやかりたかった。

大藤金谷斎を呼べ

天文十四年（一五四五）八月駿河の今川義元と対峙していた三代北条氏康の元に、川越城が包囲されたとの伝令がもたらされた。包囲したのは関東管領そして古河公方の関東連合軍その数八万人とのことである。北条の国力では、駿河と武蔵の二面作戦は困難であり、氏康に二者択一が迫られた。

「金谷斎を呼べ」

氏康は足軽大将の大藤伸基を呼び、河越城が八万の大軍に包囲された、河越城を助けたいと告げた。

「八万対三千」では万に一つの勝ち目もない。河越は諦め、こちらの戦線に全力を注ぐべきだという意見もあろうが、自分はその三千の兵を助けたい、と氏康は言う。大変な決断だが、その顔に、不安のかけらもない。

「その方の者たちが河越の北曲輪にいるので、さほど心配はしていない」

確かに、弟、景長、そして伸基の末子、秀信が随分前から武蔵国河越城にあり、大道寺盛昌、北条幻庵宗哲、北条綱成などとともに城を守っていた。北条の中から選りすぐられた陣容である。

籠城していたのは三千人程度、小田原から援軍が駆けつけたとして八千人、敵はその十倍の大軍である。「心配はしていない」と氏康は口にしたが強がりだろう。戦力を比べれば全く勝ち目はない。しかしあらゆる利害を考慮して、行動を起こす氏康の決断である。大藤金谷斎はただ頷くだけだった。戦力比を無効にする、あるいは無力化する方策を景長、秀信に授けたのかもしれない。

「虫の知らせがあって、古河公方の足利晴氏の性格をとくと話して置いた。あれは、わしの姉の子だ。悪人でないが、性格は軟弱、日和見（ひよりみ）、公方（くぼう）なる位に奢（おご）るところがある。ところで、その方に頼みがある」

と切り出したのが、小田原城の防衛だった。

「ここの戦いは、今川に譲るものは譲って、そうだ、駿東郡を返して終わりとしよう。兵を撤退する。しかし、今川にせよ武田にせよ、狐と狸だ。いや虎、オオカミかもしれん。小田原城が留守と知れば必ず襲ってくる。わが初代早雲庵宗瑞様も小田原城を、隙を見つけて大森から奪っておる。武人の考えに大きな違いはない。そこで頼みとは、兵はわずかしか残せないが、北条家、危急存亡の時である。城を死守して欲しい。戦い方は任せる。隙あらば敵を徹底的に懲（こ）らしめよ」

厳命であった。五千で互角に戦っていた相手に対して、籠城ではあるが足軽衆五十人程度で戦えとの命令である。巷（ちまた）には、虻蜂（あぶはち）取らずにならねば良いが、二兎（にと）追うもの一兎を得ずと氏康の策を懸念する声があふれていた。英傑と評価される者と口だけの輩との違いである。大藤金谷斎伸基このとき七十九歳。矍鑠（かくしゃく）としていた。後の田原城主大藤秀信の父である。

河越夜戦

河越は低地で泥湿地や沼沢地が多く肥沃であっても耕作地は少ない。この入間(いるま)川の氾濫原(はんらんげん)に、南以外の三方を守られた河越城がある。比高十メートルほどの舌状台地(ぜつじょうだいち)の突端である。周囲は湿地だらけで攻める側にとって、極めて攻めにくい。

この地に城を築いたのは太田道灌であった。以後、八十年間、太田氏の主に当たる扇谷上杉の本拠となっていた。北条氏は八年前その城を奪い、武蔵侵攻の策源地としていた。

ところが先代の北条氏綱が没すると、東国の武門が、他国の凶徒(きょうと)排除と、一斉に立ち上がった。今川義元、武田晴信と密約があったかは分からないが西の今川も武田の後詰を得て時期を合わせて北条領に侵攻した。他国の凶徒排除とは、北条氏は、元々は伊勢氏であって関東土着ではないとする、つまらぬ地域性から来ていた。

一斉蜂起(ほうき)だった。連合軍は関東管領の山内上杉氏と相模守護職の扇谷上杉氏そして古河公方足利晴氏である。足利晴氏は北条氏綱の息女を娶(めと)っていた。

しかし。八万五千の大軍で囲んだ連合軍の城攻めは膠着(こうちゃく)した。城側は、連合軍が大軍であることから、蟻(あり)の這い出る隙もなくなると、予測して城内に十分な食料を確保していた。ところが包囲する側は数に驕(おご)り、いつでも陥落できると、負けることを全く考えず、兵站(へいたん)に怠りがあった。食糧不足で戦意が衰えるのは連合軍だった。

それでも、誰も負けるとは思わない。戦力に差があり過ぎて、相手にはならないと敵を見くびっていた。

兵站計画が感じられないこの大軍を、北条の軍師、大藤秀信は烏合(うごう)の衆だと見抜き戦術を立てた。北条軍は、古河公方に降伏をほのめかす弱気な姿勢を見せ、さらに出陣するも、少しの攻撃に反撃もせずに逃げ帰ることを繰り返した。これに連合軍は「北条は弱い」、相手にならないと、侮(あなど)った。

兵は詭道なり、戦いは騙しあいなり

さて、氏康が、頼りにしていた大藤景長は北曲輪にいなかった。『戦国北条記』の著者伊東潤は小説『落葉一掃』で医家として古河公方足利晴氏の相談役を努める寿泉庵を描いている。この寿泉庵が、間者として忍び込んだ大藤景長である。城との繋(つな)ぎに大藤秀信が動いた。

天文十五年四月十九日、氏康率いる北条勢が河越に到着し、その報に連合軍は大騒ぎになった。しかし、「兵五千」の斥候(せっこう)の報告に「何だ、それだけ?」安堵とともに侮りが膨れあがった。

到着の翌日四月二十日深夜、北条軍は八千の軍を四隊に分け、一隊を城に残し、甲冑(かっちゅう)なしの三隊が音もなく、上杉本陣を急襲した。闇夜であった。敵兵が腹を空かせて寝入っているところへの攻撃である。氏康の頭には短期決戦しかなかった。

連合軍は大混乱に陥り、乱戦の中で敵将上杉朝定が討死(うちじに)した。

攻撃に出た三隊は兵力差をわきまえている。無理をせず、手はず通り城に引き返した。

これを見て、敵が逃げる、と思ったか連合軍が追い始めた。すると今度は残り部隊が城を打って出て、烏合の衆の連合軍は壊滅。九州の戦国大名島津義久により考案・実践されたと言われているが、それ以前からあった戦法、釣り野伏せである。

腹が減っては、戦はできなかった。十分な準備がなされない限り、八万五千人もの胃袋を満たす十分な食料などありはしない。北条方の戦死者は百人という、十倍以上の敵を相手に、日本戦史上にも稀な快勝となった。氏康は勝利を噛み締め「兵は詭道なり、戦いは騙しあいなり」と嘯いた。大藤秀信らの忍びの働きで連合軍の情報は筒抜け、情報操作は連合軍を攪乱するに充分だった。

足利晴氏と山内上杉憲政はかろうじて本拠まで逃げ戻ったが扇谷上杉朝定は討死にし、これにより扇谷上杉氏は滅亡した。

古河公方、波多野郷山谷に幽閉

大敗した古河公方は力を失い公方の座を譲ることを余儀なくされた。数年後松田頼秀率いる北条軍に攻められ、晴氏親子は生け捕りにされ、波多野荘の山家に幽閉された。『小田原記』には中曽屋とあるようだが、山家は山谷なのだろう。弘法山の麓である。

小田原城を今川、武田の軍から守り通した大藤金谷齋は天文二十一年（一五五二）、死去した。こんな謀略家を生かして置いては拙いと思ったか『甲陽軍鑑』によれば、信基は、その武略を恐れた武田信玄により謀殺されたとある。

大藤秀信、田原城を築城

北条氏康は大藤信基の末子、秀信に対して父の遺領、職務を継ぐように命じている。その秀信も加わった戦略会議で、小田原を北と東からの侵略に備えるため、波多野庄の北方に拠点を構えることが決まった。

その会議の延長で城主の人事が決定した。大藤秀信は足軽軍団の統率、さらには相模国中郡郡代そして田原城主に任じられたのである。河越夜戦を指揮した知将である。その功績が認められた。

城があったわけではない。北条には支城が関東一円にあまたある。それらと同じように、氏康としては城を作って主になれ、そして東方、北方からの敵を防御せよ。己が裁量で北条に仕えよと、重臣として認めたのであった。

香雲寺は大藤秀信が羽根村の春窓院を田原に移した寺である。北側にある丹沢山塊の南端から張り出した尾根の裾に位置して三方向に開けている。西を望めば、小田原その奥に箱根連山が連なり、霊峰富士を仰ぎ見る。

北側は山また山である。徐々に高くなり、山の塊が切れたところは甲斐国武田領になる。築城の目的の一つが北への備え、武田への備えだが、武田の侵攻があるとすれば、波多野郷よりさらに西の、甲斐から犬越路を越えてくる河村口（山北）になる。

波多野郷の北側の山は天然の要害といえる。寺の東側は尾根が邪魔して眺望がない。しかし、裏山を四半刻ほど登り、尾根筋に出ると景観は一変する。西側は見慣れた香雲寺から見るいつもの景色である。ところが東側はまるで違った。小田原に攻め来る敵軍たとえば武田は東、北から山麓伝いに、相模や武蔵の敵は東からやって来る。直下に富士道、大山道がある。しかも傾斜は緩やかである。

堀切、砦、急坂虎口

大藤秀信が築いた田原城は三角山から南に張り出し尾根の先端部分の東側斜面にあったと思われる。後代の堀や石垣、天守閣のある城ではない。戦国武士が大急ぎで作った波多野の土の城である。北、西の二方を丘で囲まれた谷戸状の地で、前面は水田、城主秀信が見てきた中世の居館の多くがこうした土地に作られていた。河越城は舌状台地が平地に望む末端部分にあったが、ここは尾根の先端部分である。

堀切りはゴルフ場のクラブハウス辺りを頂点にして南は八幡社の裏、東は谷戸白山社まで伸びていた。堀切内が郭（くるわ）である。赤土層まで掘り、掘った土は郭側に土塁として積み上げ叩いて固めた。赤土（関東ローム）は滑りやすく、侵入者は容易には土塁を乗り越えることはできない。居住区はその内側であり、今も堀之内と呼ぶ。

堀切りにより地表水は、風水で言う右竜に添って八幡社側と、左竜に添って谷戸白山社側に流れ、下方で水田に流れ込んだ。湧水も豊富である。居館は、砦（とりで）で扇を開いた要（かなめ）の部分、水田から見るとかなり高いところにあるが、入口は正面からは全く見えない。何度も曲がりくねってようやく辿り着く。侵入者がまごつくところに矢を射る枡形虎口などふるっている。田原番匠の惣右衛門が砦と急坂虎口（入口）の先にある楼門を築いた。守りにも重点が置かれていたが、使われずに時を経ている。

上杉景虎が南下

冬になると越後の上杉景虎が南下して小田原に押し寄せる。二毛作ができない越後の二男、三男を食わせるためと揶揄される上杉の遠征軍だが、これが強い。そして一週間ほど包囲して田植えの準備が始まる頃に帰って行く。北条軍は籠城して手を出さない。

永禄四年三月、秦野盆地を通過する長尾景虎の大軍を田原城にいた大藤式部が発見、大槻で打って出た。六人を討ち取り、大軍の上杉軍に追われたが田原城には逃げず、地の利を生かして散らばり逃げ切った。田原城は出先の砦であり、大軍には対応できない。田植え前の農民に迷惑は掛けられない。ストレス解消と氏政に「心地よく候」と褒められている。上杉謙信だけでなく、武田信玄も小田原城を包囲したことがある。途中で諦めざるを得なかったのは兵站が続かず食料が切れてしまったから、遠征による戦いは経済力が十分でないと難しい。

丹沢山中、信玄勢を追う

やはり永禄年間、武田信玄が小田原城を包囲したことがある。しかし、城は堅固でどうすることもできず、囲みをといて、甲斐への帰途に着いた。姻戚関係にあった北条氏康は信玄の背信に怒り、逃げる武田軍を田原城主大藤に命じて追わせた。帰途は丹沢の山間、札掛を抜け、清川を経て甲州の道志村にいたる道らしい。

武田のしんがり軍に山本勘助がいて、軍を指揮していた。しんがりは後備えとも言い、敵の追撃を阻止し本隊の後退を助ける目的がある。自分たちが危機に陥っても助けにやって来る味方はいない。古来より武芸、人格に優れた部将が努める大役であったが、勘助は未だその能力が見いだされておらず、どこで命を落としても、誰も哀しむまいと、しんがりを任された。

勘助は丹沢山中の甲州への通路に兵を分散させた。そして待ち構えた。追撃軍の足軽大将大藤氏も待ち伏せを百も承知である。そして、ヤビツ峠を始め、あちこちで敵味方入り乱れての合戦となった。しかし結局は武田勢の策謀に乗せられた北条方の敗北となり多くの犠牲を払うことになった。

丹沢山塊を舞台にした武田、北条両氏の争闘は、西は籠坂峠から東は永禄十二年一大合戦となった三増峠にいたる間にいくつと無く重要な拠点を上げることができる。城ヶ尾峠、白石峠、信玄が小田原攻めをする時、先ず真っ先に愛犬を越えさせたと言う伝説の犬越路など押しなべて丹沢の峠は戦略上重要な地点であった。

ヤビツ峠

ヤビツ峠は矢櫃峠である。丹沢大山学術調査報告書（一九六四年　神奈川県）に「ヤビツ峠の餓鬼道」の伝説が掲載されている。

「現在のヤビツ峠の南側にある岳の台と二又峯の鞍部が旧ヤビツ峠である。この旧峠あたりの道を餓鬼道と言っている。昔、札掛部落の人たちの食料はここから運ばれた。ここを通って秦野の町へ荷揚げにも行っていた。札掛を出かける時には充分腹ごしらえをしてきたにもかかわらず、ここにさしかかると急に空腹疲労を感じて中には餓死した人もあったと言われ、その霊がとどまってそこを通る人を悩ましたそうで、そのためこの道を餓鬼道と言うようになったという。

この道を通って峠を抜けると秦野盆地が真下に眺められる景勝の地だが現在では秦野に下る道が崩壊したため廃道になっている。餓鬼の出たところはこの峠から新道を横切って尾根道を下り、藤熊川の岐点の門戸口までの二、三の間であったといわれる」

ある年の冬のことであった。雪がひどく積もって札掛集落は外周地域との交通が断たれてしまった。一か月たっても雪は解けるどころか、益々深くなってゆく。山の中の小さな集落であるため、食糧が欠乏してしまった。そこで元気な若者が実情を麓の秦野に知らせて援助を求めようとしてこの峠にさしかかった。

ところが峠にたどり着くと急に腹が減って、動けなくなった。やっとのことで這うようにして峠を突破すると不思議なことにあれほど空腹を感じていた身体が空腹を訴えなくなり、けろりと元気を取り戻し、とっとと山を下ることができた。

以来、ヤビツ峠を越す人々はまず持参した食べ物を峠の亡霊に備え、急いで峠を通り過ぎていったという。

もとより信を置くことはできないと、この峠を調査で訪れた直良信夫氏は「これは日本古来の峠神信仰が戦死者の亡霊というかたちで、あらわされたまでのことであって、この亡霊は実をいうと峠神の変形であるのにすぎない。だから武田、北条の合戦と結びついたがためこの伝説になったというのが正しい。

そうするとヤビツ峠にはそれ以前の昔にも峠の通行者によって、峠神への祭儀が何らかの形式で執り行われていたと見ても良いのかもしれない。峠神には荒ぶる神があったが、ヤビツ峠の場合はその元のかたちは、単なる荒ぶる神ではなく、自然に対する神意識の発揚ではなかったであろうか。というのは相模の名山大山の頂が余りに間近にそして厳かに臨まれるからである」

札掛の大欅（けやき）は武田久吉博士によれば、これほどの巨樹は全山中、匹敵するものがないという。高さ十五、六間、周囲二丈巨木は昭和十二年七月、押し出した山津波により根こそぎ押し倒された。この名木は標木であり、古く、国の境を意味していたようだ。往古此処（おうここ）を甲斐と相模の国境にした、と。

札掛が国境で、武田信満の二男信長、甲斐、相模両国の境丹沢山に閑居し、その子正昌に至り丹沢を称すると太田亮氏著『甲斐』にあるという。しかし、札掛が国境で、そこに武田の家臣、丹沢氏が移住し、小田原への間道として絶好の地であるはずだが、なぜかヤビツ峠付近に史跡がない。

郡代として善政を敷いた大藤秀信は元亀三年（一五七二年）に二俣城（駿府）で討死した。

主従の関係を解かれる

天正十七年（一五八九年）、北条家家臣の猪俣邦憲が上野国において真田昌幸の支城を攻撃、これが豊臣秀吉の逆鱗（げきりん）に触れることになり、天正十八年（一五九〇年）、豊臣秀吉による小田原攻めが始まる。二十二万の豊臣軍は小田原城を完全に包囲するとともに下田、松井田、玉縄、岩槻、鉢形、八王子、津久井などの支城を次々に攻撃、落城させていった。

田原城主大藤氏も伊豆の韮山の籠城から戻り、降伏直前の氏直から主従の関係を解かれ一介の牢人（ろうにん）となった。

大藤式部丞やその家の関係者がその後どのような運命を辿ったかは資料の上で確かめることはできない。歴史の表舞台から消えた。箱根を根城に漫画本、小説、ゲームに登場して忍者として活躍する風魔一族、風魔小太郎は大藤氏が田原城から行方をたった後のことである。

大藤氏の墓所は香雲寺にある。

田原番匠、惣右衛門

北条氏の降伏により小田原城及び周辺の構えの修築や補強に徴収されていた田原の番匠（ばんしょう）は

どのような思いを抱いて帰郷したのであろうか（『秦野市史通史　2』）。

　番匠はいわば大工、戦国大名は、有力な棟梁を領国の大工（国大工・郡大工）に任じて、領内の番匠を統率させていた。修復のご用があるから風雨に拘わらず二十八日までに小田原城下に参れ、と田原番匠の惣右衛門さんは招集される。天正七年五月二十四日のことである。病気であっても出頭して下知を受けなければならない。行かなければ厳科に処すというのであるから穏やかでない。惣右衛門さんが喜んだのか、悲しんだのか定かでない。天正十四年にもお座敷作事の用があるから来いとある。

　田原城近辺の地名からの推測では谷戸の奥、山腹にある字金堀は鉱業に関連する地と思われる。おそらく金銀銅ではなく、山砂鉄（磁鉄鉱）の採掘である。尾根筋で採取した山砂を湧きだす水で洗い出し砂鉄を取り出し、たたら製法により武器、鍬、鋤など農具、生活雑器を生産したに違いない。どこかに鞴の施設があったのかもしれない。資料によれば北条氏の足軽の武器は長柄槍で小規模な鍛冶場で生産されていたと思われる。鍛冶ヶ谷、鍛冶畑、金山などはその名残ではないか。

相州田原市場

楽市楽座

大藤秀信を郡代、足軽大将、田原城主に任じた北条三代氏康は名君であった。領国統治の基本「万民愛隣（あいりん）、百姓仁礼」は年貢率に表われている。近世江戸時代の一般的な年貢は五公五民、収穫の五割が年貢であった。戦国時代の北条氏は、四公六民、年貢四割だったという。大森氏の時代は六公四民、税金六割では農民は働けど働けど食うのがやっと、蓄えなどとても無理、逆らえば殺されてしまう。地獄だった。取れ高、出来高に違いがあるが、とんでもない領主の場合は七公三民などもあり、凶作の年など、食えない農民が続出、隣国に逃亡した。しかし、そこも同じような地獄、そんな時代だった。当然北条氏の四公六民に農民は喜んだ。

虎印判状（とらいんぱんじょう）は中間搾取を防ぐものであった。年貢以外の各種公事は虎印判状でなければ、郡代、代官の命令であっても応じなくとも良い。不法あれば直訴せよ、と言うものである。これでは郡代、代官は私腹を肥やせない。悪代官は訴えられた。

氏康の代表的な事績に、支城主と郡代の連携、民衆の声の吸い上げなどとともに市場政策があった。

楽市楽座はよく知られた政策で、「楽」とは規制が緩和され自由になった状態をいう。織田信長によって行われたと知られているが、六角氏や北条氏、今川氏も楽市令を出している。それ以前は、地域の商人グループである「座」にのみ独占商売を認めて、売り上げに応じて、そこから税金を徴収した。

税を徴収しやすい利点はあった。しかし、そこに時代劇でおなじみの、「悪代官」が登場、そして役人にすり寄る「悪徳商人」が現れ、中間搾取（さくしゅ）の温床になり、独占、寡占（かせん）をうみ、商品価格の高値固定など諸悪の根源となった。

それまでの座は、誰もが参加できるものではなく、規制が強く、経済的利益は座・問屋・株仲間によって独占され既得権化していた。氏康は、その既存の独占販売権、非課税権、不入権などの特権を持つ商工業者を排除して、自由取引市場をつくり、座を解散させた。新興商工業者を育成し経済の活性化を図ったのである。

規制の緩和により、商売に自信があれば、どこの誰であろうと自由に店を開いて商売ができるようになった。規制の緩和は公平で、悪代官、悪徳商人の登場を許さなかった。

永禄年間、北条氏直の経済政策のもと大藤郡代は田原市場を開設した。

田原は富士・大山参詣道が東西に貫き、東田原の中程から平塚道が分かれる交通の要衝であった。その道沿い香雲寺から八幡社、上宿の道沿いに定期的に市が立った。今は字名も消えたが裏宿もあったようだ。大藤氏の政策は、同じ氏康に安堵された相州荻野楽市〈厚木〉と同じで、①不入権、これはどこも共通する「理不尽な使い入るべからず」である。例え郡代であっても一切口が出せない、指示を出してはならない。商売は商人に任せよ、である。②地子・敷地年貢・諸役免除。場所代は取らない。③自由通行権の保障など。外にも自由を束縛することへの禁止事項が定められていた。物々交換に加えて貨幣が出回り始めた頃であった。商売に自信がある者なら、どこの誰であろうと、自由に店が出せ、自分の才覚次第で富、名声が手に入れられた。

人が人を呼び、さらに賑わいが増す。賑わえば結果として町が豊かになる。特産品、余剰農産物、鍋釜、農具農機具、縄むしろ、織物、水産品や領国内の商人あるいは豪商なども出店したかもしれない。自由通行権により旅芸人、巫女、聖、傀儡、瞽女その他道みちの輩などもやって来て全国津々浦々の話が伝播した。この村に編み笠を作っては市に出かけて商いをしていた爺さんがいた。

笠地蔵さん

山麓にいたって心の善い爺と婆が住んでいた。爺は毎日編み笠をこしらえて、田原市で売って暮らしを立てていた。明日は正月という日にも笠を売りに出たが暮れの市だから笠など少しも売れなかった。仕方がないので、諦めて笠を背負って市を後にした。

どうした訳か帰り道、急にひどい吹雪になってしまった。寒いし、冷たい。いつもの野中の六地蔵様も雪をかぶって寒そうにしていた。爺はお気の毒に、と頭の雪を払って売れなかった笠をかぶせ、使って貰うことにした。そうして家に帰り婆にその話をして、何もすることがないから、そのまま寝てしまった。そうすると年越しの夜の明け方、遠くの方から橇を引く音がして、歌声が聞こえてきた。

　笠をかぶせて貰(もら)った六台の地蔵さ

　爺の家はどこだ。婆の家はどこだ。

こう言って、橇(そり)を引く声がだんだん近くなって来た。爺は、起き出して、ここだ、ここだと声を上げると、戸口でどっさり、と音がした。爺が覗(のぞ)くと、宝物の袋を投げ込んだ六地蔵様が雪道を帰って行く。笠に雪が積もっていた。

御つぶしなされ

時移り、江戸初期、波多野村五兵衛なる者、奉行へ「田原市場があっては、市が成り立たない、御つぶしなされ」と訴えた。延宝八年のことである。幕府の命により十日市場新町を立てたが田原市があっては新町の市が成り立たないとの訴えである。

資料なく採決は不明であるが、その頃はすでに田原市に北条氏の庇護はなく、後の世の人は結果として毎月十六の日に曽屋村中宿に雑穀農具等の市が立ち、相州十日市場として、賑わいが明治初期に及んだことを知っている。なお、十日市場新町が賑わったとは記録がない。市場経営者に、敵視されたのだから、田原もそれなりの市場であったのだろう。

小田原在十日市場

『近世小田原ものがたり』〈中野敬次郎著〉が秦野の陶管水道を取り上げ、その中で十日市場に触れている。「東京名工鑑に陶工、三浦乾也は自伝で『明治三年小田原十日市場ニ於イテ本窯を設ケ電信機インスレートヲ製造シ云々』とあるがそもそも十日市場とはどこを指すのか、小田原近郊には十日市場という地名はどこにも見当たらない」。中野氏は小田原の人である。

同じ自伝を読んだ鈴木半茶は小田原市十日市場がどこにあるのか、調べたが見いだせず考えあぐねて小田原在住の中野氏に尋ねている。昭和十六年頃のことである。

『三浦乾也』〈里文社〉の著者益井邦夫氏も十日市場を意識したのは同じ自筆履歴書の一文からであった。この人は娘、よね女の稿からあたりを付けて秦野にたどり着いているが、地名辞典にも郷土史資料などにも見いだすことができなかったようだ。小田原在十日市場はこの程度であった。

小田原在十日市場では小田原から遠すぎた。相州十日市場なら良かったのかもしれないが、今でも秦野ってどこ？　と問われると小田原の近くと答える秦野の人は多い。乾也にも同じ意識があったのだろう。

徳川家康の領地に

小田原の役が終わり、秀吉の天下統一が実現し、伊豆国（現静岡県）、相模国（現神奈川県）、武蔵国（現神奈川県、東京都、埼玉県）の全部と上総、下総（現千葉県）及び上野（現群馬県）の大部分と下野（現栃木県）の一部が徳川家康の領地となった。

北条氏の降伏はこの山麓の人々の生活に当然影響を与えた。北条方に、あるいは豊臣方に徴発され、徴発はされなくとも敵方の支配地として扱われた当地方の農民にとって、その後に来るものの不安から、落ち着きを取り戻すには多くの時日が必要であった。

家康が関東に入った当時、西田原村は直轄領（幕領）であった。しかし、村々の支配は寛永年間に大規模に変更され、西田原村も幕領の他に旗本の揖斐、服部両氏になったことがあるが、元禄の地方直しで東田原村とともに旗本米倉氏知行所になっている。

その米倉氏。甲斐の武田氏が滅びた後、家康に臣従した米倉永時は関ヶ原の合戦後、相模国内に二百石を賜り鎌倉代官になった。その子、昌尹は五代将軍綱吉の側用人そして若年寄と重く用いられた。元禄九年丹後守に叙され一万石の諸侯に列し当地方に領地を有した。十二年後には一万五千石に上って、無嗣改易で廃藩となっていた皆川藩（栃木）に入っている。

墓は父と同じ蔵林寺（堀山下）にある。その子、昌明の代に弟、昌仲に三千石を分知、弟を独立させた。時代は元禄年間、その分知された知行地が西田原、東田原、渋沢の三か村である。その後孫の忠仰の代に武蔵国の金沢に陣屋を設けたため六浦藩（横浜市金沢区）と称するようになった。昌仲の子孫は旗本として小姓組・使番で終わっている。米倉氏は横浜の金沢、六浦藩藩主として明治維新を迎えている。菩提寺は堀山下の蔵林寺である。

ちなみに同時代蓑毛は揖斐（いび）、小蓑毛は大山八大坊、寺山は幕領であった。

宝暦七年、六浦藩の知行地である東西田原村で、百姓中が村役人を飛び越えて、年貢の不納分を来年より三年賦で収めたいと言うご法度無視の直訴を領主にしている。徳川綱吉の治世の末期で、江戸や上方の大都市では元禄文化と呼ばれる町人文化が発展していた。元禄十五年（一七〇二年）に起こった赤穂浪士の討ち入り事件が近松門左衛門の筆で人形浄瑠璃として初演された。

第七章　富士山の大噴火

真っ赤に焼けて怒る富士

大地震、津波そして噴火

元禄十六年十一月午前二時相模湾の相模トラフを震源域とする海溝型の地震が発生した。マグニチュード8・2、最大震度七、房総半島、伊豆半島を巨大津波が襲った、

それから四年、宝永四年十月四日、大地がまた激しく揺れた。後の人が名付けた宝永東海大地震である。房総半島伊豆下田、紀州尾鷲(おわせ)などを大津波が襲い、市街地の家屋がほぼ全て流出するという大惨事となった。

大地震から三十五日後の十一月十日ごろから富士山麓の人たちが地響(じひびき)のような音を耳にするようになった。

十一月二十二日夜半、富士山麓の動物たちの大脱走が始まった。甲州方面をめざして走る動物の群れが夜明けまで続いた。

大地の揺れが頻発(ひんぱつ)し、雷のような音が響いて家、戸障子を揺さぶる空振(くうしん)と呼ばれる現象が激しく続く。

そして午前十時、激しい鳴動(めいどう)とともに、富士の南斜面森林限界付近で、恐ろしい爆発音とともに火山弾が噴き出し、おびただしい量の火山灰が噴出した。いきなり富士が怒った、赤く燃えた。

宝永東海地震から四十九日後である。空に炎が立ち上り、火の玉、天を突く如くして上がること、おびただしく、富士が真っ赤に焼けた。

江戸にいた新井白石がこの噴火の様子を伝えている。「正午過ぎに雷の音を聞き、自宅を出るときは雪が降っているようなありさまであった。江戸から見て南西の方角は、黒い雲が立ち上っていて、しきりに稲光(いなびかり)がしている。城に着く頃には白い灰が地面を埋め、草木もまた真っ白に見えた。」

二日目までは白い灰が噴出し、その後黒い灰に変化した、と述べている。始めはケイ酸とナトリウム、カリウム。それ以後これらが少なくなり、鉄とマグネシウムの多い黒っぽい噴出物になった。

火山灰は数日間降り続いた。

秦野盆地で六十センチ

降り積もった灰は駿河国須走で三メートル三十センチ、小山で一メートル七十センチ。相模国では秦野で五十七センチ、矢倉沢で一メートル十四センチ、平塚で三十センチである。

これにより田畑の作物は全滅した。そして秦野盆地の肥沃な土地は砂漠、不毛な地と化した。田畑は作物の全滅だけではすまない。生活の基盤である農地が破壊されてしまった。水路が灰で破壊された水田では、水の取り入れができなくなった。灰は川底にも積もり、河床を浅くして降雨により酒匂川で大災害をもたらした。

この灰（スコリア）は木灰と違い、焼砂、黒い砂である。溶けることも浮くこともない。丹沢の山間に積もった焼砂は雨のたび移動して、徐々に谷川に流れ集まり、さらにその支流が何本も集まり、本流に流れ込み、本流の河床を浅くした。四十八瀬川が川音川に合流、さらに酒匂川の本流に流れ込むように、西丹沢に降った灰は、翌年の六月大雨で火山泥流となり、酒匂川本流は足柄平野への出口である大口土堤を破って、平野に流れ込み平野西部一帯が海と化してしまった。二宮金次郎さんが登場する八十年前のことである。河床は浅く決壊が頻発（ひんぱつ）した。

三百年前埋没した集落が出てきた

宝永（ほうえい）大噴火では溶岩流出などによる被害はなかった。しかし、大量の火山灰が広範な地域を覆った。消えた集落が三百年後、パンデミック、コロナ禍を伝えるニュースに隠れてしまったが、令和二年七月小山町で宝永の噴火によって消えた集落跡が見つかったとＮＨＫニュースが伝えている。

「一七〇七年に発生した宝永噴火で火山灰が三メートルほど降り積もり埋まった須走村集落の発掘調査が行われた。現在はその上に街が作られているため、須走村の集落が埋まった記録は古文書などに残されるだけで、実際に家屋が見つかったことはなかった。火口近くにあった須走村の集落がどのような被害を受けたのか明らかにしようと、調査は、始めは重機で行われ、二〇センチ余り掘ると、宝永噴火で噴出した火山灰や軽石などの層が出てきた。さらに人の手も使って掘り進めると、二メートルほどの深さの場所に、家屋の「柱」とみられる二本の四角い木材のほか、家屋の「壁」や「わらぶき屋根」の一部が、次々と見つかった。宝永噴火で埋もれた須走村の家屋が見つかるのは今回が初めて」

餓死必定、汗と涙の天地返し

十六日間も噴火は続き、富士の東に当たる秦野には、偏西風に乗って運ばれた火山灰が四十五センチもの厚さで降り積もった。「田畑野山一面砂場」と古文書は記している。「県史」は「この降灰による農民らへの打撃は、一瞬にして途方を失うほど大きなものであった」と記す。種まきが済んで芽が出そろった麦をはじめ畑作物はほとんど全滅。「必定餓死（ひつじょうがし）」と危機を伝える文字が残っている。牛馬のえさ、冬だというのに燃料の薪にも困る事態に陥った。

火山灰を早急に取り除き春の種まきに間に合わせろとの指示を幕府は出した。しかし、食べ物はない、救助隊が来るわけではない。復旧作業はひたすら自力だけが頼りの重労働だった。

そんな降灰による一面砂場を記録した現場がある。

第一章の縄文の遺跡で紹介した稲荷木遺跡である。縄文の遺跡に掘り進む前に、当然のことながら、この焼砂スコリアの層にぶつかったのだ。朝日デジタルニュースが江戸時代の農民の奮闘痕跡、農民の涙と汗の「天地返し（てんちがえし）」を次のように伝えている。

「丹沢山系の南麓、秦野盆地の山際の高台に整然と、見渡す限り一面、土を掘った溝が並ぶ。調査を担当する、かながわ考古学財団の天野賢一副主幹が説明してくれた。

「一七〇七（宝永四）年に富士山が噴火し、その時に降り積もった火山灰を取り除いた畑なのです」

幅五〇センチ～一メートル、深さ七十～八十センチの溝を掘り、そこに火山灰を埋めて、その上に下から掘り出した土をかぶせた。溝は長いものは十メートルもある。溝の間に幅二十～三十センチの壁を設けている。上と下の土を入れ替えるので〈天地返し〉と呼ばれる手法だ。

噴火したのは当時の暦で十一月二十三日。現在の暦だと十二月十六日になるので、本格的な冬へと向かう季節であった。農民たちが黙々と取り組んだ復旧作業の痕跡が大地に刻まれ残っていた。それがこの遺跡だ。手間のかかる作業をしたのは川から遠かったからだろうと天野さんは見る。積もった砂は川に捨てるのが一番簡単な対処法だったが、それでは川に砂がたまって下流などで洪水を引き起こす。

秦野や伊勢原で天地返しは決して珍しい遺構ではない。だがこれほどの規模での出現は前例がない。高速道でも、ここはサービスエリア予定地だからで、令和二年度末までに調査面積は一万四千平方メートルに上る。どこまで遺跡が広がっているのかの探査中だといい、調査はさらに続くことになりそうだ」

江戸期の畑が発掘されることはあまりないが、宝永噴火をぬきにこの地域の歴史は語れない。「過去を知ることは現代を知り、将来を展望することなのです」と天野さんは語る。災害の多い列島で、私たちの祖先はこうして黙々と生を引き継いできたことを知らされる。流した汗や骨のきしみ、ひもじさまでが伝わってくるようだ。

葉たばこの生産

秦野は古くから煙草の名産地であり、煙草耕作で栄え、発展してきた歴史がある。しかし秦野地方の煙草栽培の起源は、今となっては不明（『秦野市史　たばこ編』）だそうだ。ポルトガル人が鉄砲と一緒に九州の種子島にもたらした。これが廻国修験者・僧の手で肥前国から秦野に持ち込まれたと承知していたが、この口碑は秦野だけでなく長野、栃木、福島などの有名産地に広くあるものらしい。「弘法の清水」のような言い伝えだったようだ。

宝永四年（一七〇七年）の富士山噴火により、秦野の耕地に火山灰が降り積もり、大地は一変した。そんな土地でも、葉たばこの栽培は可能であったことから、盛んに煙草耕作が行われるようになった。

江戸時代後期には、秦野葉の名で広く知られるようになり、後に薩摩（さつま）（鹿児島県）、水府（茨城県）とともに「三大銘葉」の一つにあげられるようになった。

草山貞胤さん

幕末から明治にかけて喫煙習慣の拡大や技術改良により、秦野の煙草耕作は大きく発展し、大正から昭和にかけて全盛期を迎える。技術改良に貢献したのが平沢の神官家に生まれた草山貞胤だった。彼の改良法には①木枯らし法、②正条密植法、③上げ床法の三つがあった。改良法の実効が上がると貞胤（さだたね）はその普及活動で関東、東海地方に出かけている。企業秘密といって栽培技術を他人には明かさない時代だった。後に貞胤さんは、きざみ機を発明、養蚕（ようさん）の普及にも尽している。

前田夕暮さん

歌人前田夕暮は大根村南矢名小南に生まれている。村きっての大きな草葺（くさぶ）き屋根の家だった。その屋根裏に葉たばこがぎっちり吊（つ）された。

おのが寝る部屋の上にも烟草（たばこ）の葉青青とつり安寝（やすい）すらしも
畑よりとり来し煙草の葉うつばりにつりそのもとにゐる
うつばりに青き煙草を吊したりそのもとにゐて楽しかるべし
雨あがり壁に吊るせる葉烟草の土葉（どは）匂ひいづる秋のひるすぎ

いりつ日に照りいだされし人の顔烟草干場にあかあかとみゆ
葉烟草のにほひこもれる土間をとおり裏畑みちの日光をふむも

ここで詠まれた梁に吊す方法が「木がらし」である。天井がない農家が多く、屋根裏の梁一面に吊った葉の匂いに、夕暮れはなぜか安眠できそうだ、と書いている。

煙草耕作は大変な労力が必要で、高度経済成長以降、第一次産業に従事する人口が減少すると生産が減り、秦野葉は、刻み葉（キセル用）であったため、嗜好の変化で消費量も減少し、昭和四十九年を最後に秦野から姿を消した。

その後、紙巻き煙草用の米葉と呼ばれる黄色種が生産されたが、かつてのような隆盛はなく、昭和五十九年に黄色種の生産も廃止され、秦野の煙草耕作は幕を閉じた。

第八章　インスレットと陶管水道

梶山良助と三浦乾也

焼き物好きなら誰もが知る尾形乾山の六世、三浦乾也が相州十日市場に窯を築き作陶していた。幕末の鬼才と言われた名人陶工である。正しくは乾也が築いたのではなく梶山良助が乾也のために築いた本窯で、今でも地名だけは記憶に留められ四つ角近くの「チャワンモリ」を懐かしむ人はいる。

梶山良助は小田原の豪商吉田家の十一世吉田仙助義助の次男として生まれた。吉田家は大久保候の御用商人で屋号は桔梗屋と言った。良助は十五歳の頃江戸に奉公に出て、奉公中に日本画家鈴木鵞湖の門に入り、絵を学び、ここで鵞湖の友人三浦乾也と知り合った。この乾也の自伝にある「小田原在十日市場」は、どこだ、どこだとなったのは前記した。

良助の焼き物で産業を興そうとする気持ちは真剣であった。販路は曽屋一帯が矢倉沢往還の要衝の地で大山参詣道の分岐点であること、波多野煙草の集散地で耐えず賑わっている、名産として焼き物を販売すれば相当に売れる、とは良助の思惑であった。いずれは小田原の本家を動かし、小田原藩主大久保忠良の御庭窯にするという目標もあった。

一方で乾也は当初から販売を江戸に置いていた。土の性格を見抜いたのだろう、製品を什器類と工業製品に分けて考えていた。乾也は東京と往復することが多かったが弟子の鈴木甚吉と三次の兄弟そして作根乾三は住み込みで日常雑器の生産に追われた。乾也は工業製品、碍子（がいし）の実験に明け暮れた。

窯があっても土がなければ焼き物を産業化することはできない。現在では必要な陶磁器原料は世界中から容易に手に入る。秦野にいても、信楽や瀬戸の土なら即日、手にすることができる。しかし乾也の時代はそうではなかった。

土は戸川から牛車（うしぐるま）で運んだという。梶山良助は戸川の戸は砥石の戸と、あたりを付け、陶土は戸川近辺にあると推測した。九州の産地を歩き回り陶器の研究をしていた。天草陶石の採掘場などを見ていたのかもしれない。国焼きの多くの成形素地の原土は、経験者が目視（もくし）で粘土層を探し出していた。そんな有能な経験者が新しく焼き物産業を起こそうとする地にいるはずがない。

江戸の文化文政期、殖産興業が全国で展開され、中でも陶磁器の生産販売が大きな利潤をもたらしていた。しかし、それは大窯業地から磁土、陶土、耐火粘土類が容易に運搬されてのものだった。

乾也は尾形乾山の『陶工必要』や『陶磁製法』を読んでいた。陶石土の性質に精通し成形し、釉薬を調合して窯たきの技術を心得ていなければ殖産興業などできはしないと思いつつ、自分ではできると思っていた。それは良助の町おこしと違ってインスレットの開発であった。

明治二年東京―横浜間で公衆電信線の建設工事が始まっている。インスレットの本格的利用が始まるが、赤碍子（がいし）と呼ばれるトビ色の輸入品が使われていた。この輸入品は不良品が多く、しかも高価であった。インスレットとは今は電柱で見かける絶縁効果の高い陶磁製品で西洋技術を貪欲に吸収しようとする陶工乾也の専門領域である。碍子という日本語は未だなかったようだ。これからは通信に限らず電力が主要なエネルギー源になる、そのために必要なインスレットの国産化は必須条件と乾也は考えた。

仙台藩で軍艦を造り、就航させた多才な男である。尚古園ではインスレットにのめり込んでいく。残念ながら戸川の土は、陶土としては余り良くなかった。天下の乾也のこと戸川産原土を、ねかし、水漉、精製したと思われるがやはり土に難があった。尚古園で作られた茶碗を見たが、良いものだがやはり鉄分が吹き出していた。耐火力もあるとは思えない。関東の地で良質の陶土を手に入れるのは無理があった。

ちなみに陶磁器と普通に言われているが、陶器と磁器には違いがある。まず原料になる粘土が違う。焼き方が違う。硬さが違う、透明度も吸水性も違う。生産地で言えば有田や伊万里、波佐見や九谷、そして洋食器が磁器。味わいがあるのは陶器で信楽、備前、丹波、美濃など。製品を想像すれば違いに気づくに違いない。

銀座の古物商ギャラリーで乾也作品の展示会をやっていたので覗いたことがある。さすが名工である、作品には気品があった。ただ乾山は偉大なる素人とよばれ、勢いのある生きた絵、独創的なデザイン性の高い作品が愛されたが六世乾山、乾也の作品はきれいで上手で素人ぽさはなかった。そこには尚古園で作られたものは展示されていなかった。

日本初インスレット

歴史に名を留めたのがインスレットの開発である。おそらく原土は天草あたりから取り寄せた磁土に違いない。磁土で、高温焼成しなければ求めるものは得られない。高温であるため雑器は同時に焼くことはできなかった。小さな試験炉が設けられた。

試行錯誤の中から生まれたものが、工部省に納品された。

製品は合格だった。しかし、輸送機関といったら荷車か荷馬車の時代である。秦野は遠すぎた。雨の日など舗装されていない凸凹道はぬかるみで、しばしば立ち往生した。

工部省には横須賀に製鉄所があった。乾也を招聘して製鉄所内に窯を築き独自に生産を始めた。同時に乾也はもっぱら横須賀に滞在し生産の指揮を執るようになり尚古園には来なくなった。

とは言え国産インスレットを開発し明治政府の殖産興業政策の電信、電力事業の糸口となったのは尚古園である。尚古園、そして三浦乾也は我が国のインスレット技術向上に不朽の功績を残した。

明治十年曽屋一帯の大火は尚古園を巻き込み、なめ尽くした。良助四十歳の時であった。

陶管水道の嚆矢なり

柳田國男『旅行の話』（大正五年）は相州曽屋の用水問題に触れている。

「曽屋権現の御手洗（みたらい）の水は非常に豊富で社から東の方へかけて、流れに沿って一線の大きな町が出来ていた。氏子にしてこの水を用いぬ者は神の意に反すと言う信仰があって、人の数が水量に比べて多くなりすぎたが、辛抱してこの水を飲んでいたものらしい。下流に住む人が辛抱しかねて鑿（ほ）り井戸を試みた頃にちょうど激しい疫病（えきびょう）がはやった。氏子どもは明神の御手洗の水を飲まぬ者が出て来たから禍（わざわい）が現れたと称して謝罪の祭をしている。簡単な設備、貯水池を社の横手にこしらえて清水の分配を調節したところ結果ははなはだ良好で云々」

この社の横手の貯水池工事に私財をなげうったのが篤志家、佐藤安五郎であった。安政五年のことである。

分不相応の大工事

明治になった後もコレラが流行、この飲用水をなんとかしなければ、と水道管敷設計画を進めたのが、佐藤政吉（安五郎の長男）、梶山良介、石井佐吉ら識者であり、有力者であった。明治十九年日本のコレラの感染者は十六万人、死者十一万人という惨状で病院は患者であふれ、棺おけ山を成す、と内務省衛生局が記している。

パンデミックである。上下水道の整備が急がれていた。とくにコレラ菌が侵入しやすい開港五都市横浜や函館などの対策は急がれた。

近代水道の先駆を成したのはその横浜市で明治十八年起工であった。横浜に遅れること三年、工事を始めたのが函館と秦野町である。我が国の水道事業がようやく夜明けを迎えようとする草創時代である。

しかし秦野町の財政は裕福ではない。明治二十三年四月二十九日付け毎日新聞が水道の開通式という見出しでその模様を伝えている。

「神奈川県大住郡秦野町は煙草の産地を以て有名な地なるが、山間の僻地にして戸数千戸ばかりの小村落なり。然るに横浜市の水道敷設を見て、その必要性を悟り、有志者率先して去る明治二十年四月、水道敷設の事を県庁に出願したるに当時の知事の沖氏にはその依拠を賛成し直ちに衛生課長を派遣して水濁及び地理を巡検せしめ翌五月許可をなし岩田工学士に担当を命じたり。よって秦野町にても委員を選び、翌二十一年工事に着手し、県庁より土木課長を初め諸氏出張して工事の監督を成したり。

その築造法はもっぱら横浜市の水道を倣い機械その他の用品は県庁より英国に注文したり。工費は凡そ一万五千円程にして土地不相応の大工事なるが梶山良助、石井佐吉、川口直次郎の三氏は私財を投げ打ちて熱心に尽力して、目下ほぼ落成にいたりたれば本日盛んに開通式を挙行するなり。ちなみに記す。横浜市の工事は鉄管なるが、秦野町は陶管にて本邦陶管工事の嚆矢なり」

尚古園主良助翁の経験、見識、そして不屈の闘志、たゆまざる努力はここに生かされた。希有な人である。

第九章

山麓の年中行事・路傍の石仏

正月〈一月一日〉

各家では十二月十三日ごろ煤（すす）を払い、年末には門口に注連飾（しめかざり）を付け門松を立てる。屋内には鏡餅が飾られ、年棚が作られる。十二月三十一日〈除夜〉には年越しそばを食べ、除夜の鐘がなる十二時まで起きて、年神（祖先神）を迎える。元旦には若水をくみ、雑煮を食べる。子供たちにはお年玉が与えられる。正月七日は七日正月と言い、七草粥（かゆ）を食べる。

と言い伝えられてきたが、簡素化している。注連飾は玄関に下げても一般の家庭で門松を立てることは先ずない。食習慣に変化はないが、鏡餅も雑煮の餅、おせち料理もスーパーもしくはコンビニで調達する。おせちは通販が多くなった。販売しているスーパーやコンビニは正月も休まない。

かつてコマ回し、羽根つきなど外で遊んだが、ゲームに駆逐（くちく）された。ひところ「人生ゲーム」や「野球盤」などのゲームがはやったが今の子供たちはアナログには見向きもしない。カルタや双六はおもちゃ屋に売ってはいるが、ほとんどが幼児の教育用である。

多くの習俗、遊び、行事は変わったがお年玉は変わらない。核家族化し、子供も減ったが、親類縁者が減り、与える側が大幅に減っている。親、祖父母が補填して子供の手取りに変わりはない。

多くの家庭で初詣に出かけるが宗教心はあまりない。観光気分で氏神様でなく有名な神社に出かけて行く。大山阿夫利神社、寒川神社、鎌倉八幡宮、川崎大師、明治神宮など賑やか、人混みが好きだが、コロナ対策、三密防止から誰もが様子見になっている。

小正月〈一月十五日〉

古い暦法では月の満ち欠けの周期、新月から新月までが一か月、満月は十五日、年の初めの満月の日が元旦であった。この暦法が現在のものに変わって、明治六年から元旦が十五日早まって一月一日になった。しかし、月の満ち欠けで作業の手順を決める農業や漁業、林業などは、おいそれと、しきたりを変えることはできない。

そして、郷土色豊かな、農村行事は古くからの伝承をそのまま伝える小正月行事として残った。丹沢山麓の古い農村集落はどこであれ変わりない。

それゆえ小正月行事は、年の初めに秋の収穫をあらかじめ祝う農耕儀礼が中心であり、餅（もち）を繭（まゆ）の形に作った「繭玉（まゆだま）」を神棚に供えたり、「餅玉（もちだま）」を枝先に指して、稲穂のたわわなさを表したりした。

繭玉は養蚕（ようさん）の名残であり、餅玉は稲作、豊穣な秋を祈っている。

「どんど焼」「道祖神」「サイトバライ」

小正月の子供たちの関心事は「どんど焼」で、「道祖神」「サイトバライ」「セートバライ」「せえの神」「とっけ団子」とも言った。道祖神の前でしめ縄や門松、正月飾りを集めて焚きあげた。大きな火を焚くことは清浄な世界を回復する火祭りだった。今では消防署に届けを出さねばならない。正月飾りもプラスティック類が多く、大気に有害な物は分別をする。

この時に米の粉で作った色とりどりの団子を持って集まる。餅や団子をその炎で焼いて食べると病気をしない、書初めが炎で高く舞い上がると字が上手くなるなどと言い伝えられていた。

「オカリヤ」「正月小屋」

今ではなくなったが、男の子は、前日から道祖神の前に小屋を作った。雪小屋「かまくら」は雪だが、この地方には雪はないので笹を使ったり、むしろを使ったりして大人たちの指導を得て器用に子供たちが作った。道祖神祭りを司るのだから、別火精進、身を清めねばならない。そうした斎場の意味があるのかもしれない。子供たちはその小屋に火鉢を持ち込み正月の残り物を運び込み、厳寒のさなか、身を寄せ合って過ごした。同じ釜の飯を食う共同生活の楽しさ、子供なりの意地、通過儀礼的な行事であり、地域の子供社会の縦の付き合いであった。

道切り

小屋の前で子供たちは「めーてっげ、めーてっげ」と言って道行く大人たちを通せん坊をした。「めーてっげ」は「道祖神にお参りしてください」の意味だ。子供たちは悪意無く知らないで賽銭の強要をやっていたが、これは縄を張り、あるいは、道祖神を境に置いて村に悪霊などが入ってこないようにする「道切り」の真似事だ。カシマ様という巨大な藁人形、人形道祖神を置く地域もある。道祖神のお祭りの日、主役の子供たちは誰もが積極的だった。

マレビト　来訪神

小正月行事で最も知られているのが、ナマハゲ、アマメハギ、カセドリ、トシドンなどの来訪神にまつわる行事で、ナマハゲはユネスコの無形文化遺産にも登録されている。秋田県男鹿の真山神社伝承館で見たが迫力があるものだった。あれなら今の子供でも怖がる。

大晦日の晩、集落の青年がナマハゲに扮して、「泣く子はいねがー、親の言うこど聞がね子はいねがー」などと大声で叫びながら地域の家々を巡り、閉ざされた雨戸をどんどん叩く。分かっていても子供たちは震え上がり、神妙になる。男鹿の人々にとってナマハゲは、怠け心を戒め、無病息災・田畑の実り・山の幸・海の幸をもたらす、年の節目にやってくる来訪神である。かつては小正月に行われていたが、現在は十二月三十一日の大晦日に行われている。正月休みならナマハゲになる青年が故郷に帰郷しているからだそうだ。

山麓の来訪者はいじわる妖怪

十二月八日の晩、丹沢の山奥から一つ目小僧がやって来て、「悪い子はいねえか、怠け者はいねえか。だらしがねえ奴はいねえか、病気にする子はいねえか」とこっそり節穴から家の中を覗き見して、子供たちの落ち度を見つけては、帳面に名を書き付ける。だらしなく下駄(げた)などを外に置いたままにしてあると小僧はハンコを押す。押された者は病気になって死ぬと言う。

丹沢山麓の場合、山を下りて来たのは、聖なる来訪者ではなく、こんな意地悪妖怪であった。子供は一つ目小僧を恐れ、この日ばかりは良い子になり、下駄もちゃんと片付けた。

一つ目は意地悪妖怪だから、一晩で子供たちの落ち度を、あること、ないことを、少しの容赦なく、帳面いっぱいに書き連ねた。だから帳面が多くなり、重くて、これでは疫病神(やくびょうがみ)に届けるのが大変だ。そこで、道端の道祖神に「一月十五日に取りに来るから預かってくれ」と頼んで山に帰って行った。

頼まれた道祖神は子供たちの味方である。帳面を見て驚いた。少しのことを大げさに、そしてでっち上げもある。これでは村の子供はみんな病気になってしまう。そして考えた。

一月十五日の朝、「大寒む小寒む」と、歌いながら山から小僧がおりて来た。預けた帳面を取りにやって来た。ところが道祖神、すまなそうに「実は昨晩火事があってな。帳面はみんな燃えてなくなってしまったのよ。かんべんな」と言うではないか。

焼けてしまったのでは仕方がない。小僧は「師走(しわす)になったら又来るからな。しっかり仕事せえよ」と言い残し、すごすご山に帰って行ったとさ。これでこの一年、村の子供たちに災難は降りかからなかった。前の晩の火事とは「どんと焼き」のことだった。

そんなことから村人は、一つ目が来そうな十二月八日の夕方、長い竹かごをぶら下げて、玄関口に立てた。ひとつ目小僧が来ないようにする仕掛だ。疫病神の使い走りのひとつ目小僧が、目かごの目の数に驚き、逃げ返るのを目論んだ。

道祖神

外からやって来る悪霊を防ぐ境の神・道の神とされるのが道祖神である。この路傍の親しみのある石の神様は、いろいろな神仏と習合し、縁結び・子授け・安産の神としても広く信仰されている。形は自然石が多く、文字碑から、性器をアレンジしたもの、男女が仲良く手をつないだ姿、肩を組んでいる姿、抱き合った姿、笏と扇を持っているタイプ、まれに一人の場合もある。いずれにしても地方色や個性の強い形が多く、そして道端にまつられている。

道路や交通手段が発達しておらず、生まれた村で一生を終える人がほとんどだった時代、疫病の流行は局地的なものだった。しかし、旅回りの芸人や渡り鳥が、病気を持ち込むことがある。流行病は村の外からやって来る。それを防ぐのが道祖神。病の侵入を防ぐから、「塞の神」とも呼ばれる。

塞の神

記紀神話（日本書紀と古事記）で、亡くなった妻を連れ戻そうと黄泉の国を訪れたイザナギが、妻の身体に這い回るウジに驚き、恐ろしくなり逃げ出した。妻のイザナミは、真っ赤な顔をして、良くも恥をかかせたなと追う。夫はどんどん逃げる。その途中、この世と黄泉の国の間に大きな石を置くエピソードがある。古事記は、この石を、道を塞ぎさえぎったことから黄泉国を塞ぐ戸の神「塞坐黄泉戸大神」と呼ぶ。これぞ塞の神である。

　黄泉の国からの侵入を防ぐために置いた石が「塞の神」で、「来るな」と突き立てた棒が「くなどの神」、道祖神はこのセットだ。夜ともなれば百鬼夜行の村の入り口に鎮座して悪霊の侵入を防ぐ重要な役割を担ってきた。天照大神やスサノオなどの貴神より先に誕生した神で、庶民により祭られ、農耕儀礼と結びつき小正月行事の主役でもある。

　農耕儀礼と結ぶついた頃から塞が性に変わり始めたのかもしれない。お田植え行事は人の生殖行為を稲に見せつけ沢山の穂が孕むことを促す行事だ。難しく考えなければ、これは「性」の神だと思っても不思議はない。「塞」が「せえ」と威勢良く呼ばれるようになり、一人歩きをするに時間はかからない。「塞」など読むことも書くこともそして意味も分からない。ところで、この黄泉国からの脱出途上、逃げる夫に、嫌われた妻が「あなたが逃げるのなら、私はあなたの国の人間を一日千人締め殺す」と脅す。夫は「だったら私は一日千五百人の子を産ませよう」と返す。こうして人が増え続けたことになるのだが、日本社会、人が減り始めた。この話、どうこじつけたら良いのだろう。

　道祖神は、旅をしながら芸能を見せる人たちが信仰した「百太夫」とも結びつき、旅の安全を守る神、という面も持っている。傀儡の信仰対象は「百太夫」であった。昔の旅は現代とは違い、険しい崖、道なき道を行くこともあり、夜道には賊も出るなど命がけだった。

まらせの神

「塞の神」が秦野弁で訛る（なま）と「せえのかみ」になる。そのため か道祖神は性と深く結びつき、性器の形をした石が道祖神や、男女が抱き合った石の神様に小正月行事の主役である思春期の男の子たちは好奇心の塊（かたまり）になる。まさしく民衆の信仰で、何とでも習合し根を下ろす。

山麓の秦野の今泉にある道祖神は巨大な男根の形をしている。言い伝えでは、昔は小さかったが悪餓鬼どもが持ち出しては面白がって、婦女子に見せ歩く。そうこうするうちに無くなってしまう。持ち出し可能だから、いたずらに使われるのであって、持ち出しができないほどに巨大にすれば良い、との村の知恵者の発案が実行に移されて巨大なものがお目見えした。子供の背丈ほどある。これでは大人でも密（ひそ）かには動かすことはできない。

ご利益もあった。教育委員会のお達しで道祖神の小屋がけや札売りの禁止令が出た戦後まもなくの頃、「地域に男の子がいない、男の子が授かりますようにとの信仰の対象」だとのことから、外の地域では消えてしまった行事がここでは途切れることが無かった。新憲法下、宗教行事に、公権力が口出すことはなくなった。「まらせの神」として少しは知られた存在、「塞」が「性」に変わった典型といえる。

あれも消え、これも消えた。戦後の諸改革

一九六〇年以降農村行事は大きく変わった。変化の要因は様々であるが、敗戦による神観

念のゆれ、戦後の諸改革、一九五〇年代の生活改良普及事業、新生活運動そして一九六〇年代に顕著になった高度経済成長の影響も大きい。

小正月の火祭りや訪問行事などは以前から、乞食まがいなことをする無意味な因習として学校教育からしばしば、たしなめられ、地域社会における生活習慣合理化のかけ声の中で消えていったものは多い。伝統は封建的とか国家主義的と言ったニュアンスに結びつけて用いられた。評価しようとする者は保守的、反動的という批判を覚悟しなければならなかった。偏狭（へんきょう）、ローカル、古い時代の悪習と戦後的知性は断罪した。

都会の真似（まね）を進歩とみなした政策がどれだけよき田舎を破壊したことか。戦後的知性が幅をきかせていた。それでも消えた文化を懐かしむ人が多いのは、決して乞食まがいの無駄な因習とは思っていないからだ。オカリヤに籠（こ）もった体験者は、学校の横だけの繋（つな）がりの同級生と違った、世代間のコミュニケーションをそこで体得している。信頼感は、一緒に同じものを食べ、見て、聞いて、共同で作業をするといった五感を使った身体的な共感や、同じ経験の共有、いわゆる身体の同調でしか作れない。それでこそ言葉のやりとりだけでは到底得られない強い信頼を互いの間に築き上げられた。何年経とうと近所、地域のことをよく知っているのは、一年や二年でないこの体験の賜物である。

地域や家の伝統的年中行事がさびれ、それに伴い儀礼食の楽しみが薄れ、家族の行事内容や食物は商業資本やマスコミの影響を受け画一化した。一方で家族の行事としてクリスマスや誕生会、ハロウイーン、バレンタインデーなどが定着化して行く。占領政策だったのか分からないが見事その策謀は成功して、マスコミに煽られチョコレートやケーキがよく売れる。反面、伝統的な行事は風前の灯である。どんど焼きなど少子化の影響もあって、今にも消えそうな状況にある。団子を作る家庭もないし、餅玉も繭玉も作れない。子供たちに関心がなくとも親に懐かしさがあり、伝統行事を保存、地域の歴史を次の世代に引き継ごうとする動きもある。主体が子供から自治会、町内会に代わりつつある。

天神さま　一月二十五日

天神信仰は、特に菅原道真を「天神様」として畏怖・祈願の対象とする神道の信仰のことをいう。毎月二十五日は天神様の縁日であり、とくに旧暦一月二十五日を「始め天神」と呼び、これが新暦に移行した現在でもそう呼ばれている。かつては「ロッコンショウジョウ、ロッコンショウジョウ」のかけ声とともに裸祭が盛大に行われていたが、戦後聞かれなくなった。

節分

本来、節分とは季節の節目である「立春、立夏、立秋、立冬の前日」のことをいい、年に四回ある。ところが、旧暦では春から新しい年が始まったため、立春の前日の節分（二月三日頃）は、大晦日に相当する大事な日だった。そこで、立春の前日の節分が重要視され、節分といえばこの日をさすようになった。昔は、季節の分かれ目、特に年の分かれ目には邪気が入りやすいと考えられていた。さまざまな邪気祓い行事が行われ、おなじみの豆まきも、新年を迎えるための邪気祓い行事である。古代中国では、大晦日に追儺（ついな）という邪気祓いの行事があった。

これは、桃の木で作った弓矢を射て、鬼を追い払う行事である。これが奈良時代に日本に伝わり、平安時代に宮中行事として取り入れられた。その行事のひとつ「豆打ち」の名残が「豆まき」で、江戸時代に庶民の間に広がった。

豆を打つから、まくに変わったのは、農民の豊作を願う気持ちを反映し、畑に豆をまくしぐさを表しているからだといわれている。本来は大晦日の行事だったが、旧暦では新年が春から始まるため、立春前日の節分に行われるようになり、節分の邪気祓い行事として定着してきた。

立春　二月四日ごろ

旧暦ではこの日が一年の始めとされていたため、決まり事や季節の節目はこの日が起点になった。まだまだ寒いが、暦の上では旧冬と新春の境い目にあたり、この日から春、梅の花が咲き始め、徐々に暖かくなり、春の始まりとなる。八十八夜、二百十日、二百二十日も立春から数える。香雲寺〈西田原〉の梅参道は見事。

祈年祭　としごいのまつり

字音で「きねんさい」と称することが多い。この「とし」とは五穀のなかでもっぱら稲をいうが、稲を主として他の穀類に至るまで成熟を祈る祭りである。わが国の社会文化は、本来この稲作中心の農耕社会を基盤として成立しており、春に年穀の豊穣を祈り、秋に豊作を感謝する祭り新嘗祭（にいなめさい）を行うのが農耕祭祀儀礼の基本であった。古代では祭政一致の語が示すように、政治は生産物の収穫に基づいていたので、祭祀も重要な国家儀礼に位置づけられていた。律令国家体制では、祈年祭は、二月に神祇官での国家祭祀となり、六月・十二月の月次祭、十一月の新嘗祭とともに四箇祭として「国家の大事」とされた。

西田原神社（八幡社）の令和二年の祈年祭が二月九日（日）神社に関係者が集まって執り行われた。神官曰く、「祈年祭と秋の新嘗祭は五穀、主に稲作だが、その豊穣とこの地域の人たちの安寧、幸せを祈念する神社にとって最も大切な行事である」

納得しながら聞き入り、それでも家に帰って、ネットの「日本大百科全書」を見てみた。なるほど同じ趣旨のことが書かれていた。

祈年祭（読みは、としごいのまつり）「この『とし』とはもっぱら稲をいうが、稲を含め五穀の成熟を祈る祭りである。わが国の社会文化は、稲作中心の農耕社会を基盤として成立してきた。それ故、春に五穀の豊穣を祈り、秋に豊作を感謝する祭り新嘗祭を行うのが農耕祭祀儀礼の基本であった」とある。古代から連綿と続く祭りなのである。神官の言われるとおり、調べるまでもなかったのだが、実は調べたいことが外にあった。

それは、参列者が着席し、「いざはじまり」と思った時のことであった。巫女さんが、「頭をお下げ下さい」と言い、神職がまるで茶席のにじり口のような狭い所から神殿の下に潜り込んだのである。何事が始まるのかと興味津々、頭は下げたが目は神殿注視である。がさごそするのは、狭くきついのだろうと想像力を膨らませていると、突然、牛の鳴声が響き渡った。他の人にはどう聞こえたのか分からないが、私には「もー、もー」と聞こえて来る。あるいは「オー、オー」だったかもしれない。鳴声がやみ、又がさこそ音を立て、神官が這い出てきて、そして祝詞が始まった。祈年祭の始まりである。ああやって、神様を呼んだのかなと考えた。神に対して随分失礼なやり方、畏(おそ)れ多いと思ったが、終わりも同じであった。神職が潜り込み、牛が鳴いたのである。してみると、呼び声ではない。では、何だ。

あれは警蹕〈ケイヒツ〉と言うのだそうだ。神様に声をかけるのでなく、逆に参列者に呼びかけるものらしい。「警蹕」の「警」には、「警戒する」という意味があり、「蹕」には行く人を止めるという意味がある。だから、人々が不敬の行為をしないようにと先払いが声をかけて注意をし、警戒するということらしい。だから警蹕の間には神職も参列者も頭を下げて敬礼する。「警蹕」の発声は一般的に「お」または「を」の音を長くのばすものとされて、モーと聞こえたのは耳が悪いかららしい。

彼岸

仏教では、煩悩の世界をこちらの岸、三途の川を挟(はさ)んで、ご先祖様の霊が住む世界をあちらの岸と考え、こちらの岸を「此岸(しがん)」あちらの岸を「彼岸(ひがん)」という。この極楽浄土は西の彼方にあるとされているため、日本では太陽が真西に沈む春分・秋分にお墓参りや先祖供養を行うようになった。春分・秋分の前後三日を合わせた七日間。春の彼岸、三月十七日〜二十三日秋の彼岸、九月十九日〜二十五日　最初の日を「彼岸の入り」、最後の日を「彼岸明け」、真ん中にあたる春分・秋分を「彼岸の中日」という。

花見

女の子の節句、ひな祭りは三月でなく、四月だった。現在の家族中心と違い友人との女子会である。母親に手伝って貰いご馳走をつくり、それを重箱に詰め、友達の家を訪ねるか集まって女の子だけで花見をした。

男の子たちは、「戦争ごっこ」「兵隊さんごっこ」。弁当持ちで出陣し終日、村境に陣取り、隣村の連中と、たあいもない悪口を言い合い、石合戦を繰りかえす日だった。石合戦とは言え、届かない距離に陣取るためけが人は出なかった。戦争中に変形したがこれも農耕予祝儀礼として女の子の花見などと共に伝承し、そして消えた行事の一つである。

盆

盂蘭盆会（うらぼんえ）

梵語のウランバナから来ているとされ、直訳すると「倒懸（とうけん）」、さかさ吊るし。釈迦の弟子、目連の母が餓鬼道に落ちて倒懸、さかさ吊るしの苦しみを受けており、救うのは百味の飲食を衆僧に施せば、現世の父母は長寿を得、過去七世の父母が救われると釈迦が目蓮（もくれん）に教えたという。目連は釈迦の言うとおりに衆僧にごちそうをし、母は地獄の苦しみから救われたと「盂蘭盆経」にあるようだ。

釜蓋朔日(かまぶたのついたち)　一日を釜蓋朔日と言い、地獄の釜の蓋(ふた)が開く日であり、一般的に一日からお盆である。この日を境に墓参などして、ご先祖様等をお迎えし始める。ご先祖様の霊が山や川に居るという信仰に則(のっと)り、その彼岸から家に帰るご先祖様が通りやすいように里へ通じる道の草刈りをした。

七夕、棚幡(たなばた)　七日は七夕であり、そもそも七夕は「棚幡」とも書き、故人を迎える精霊棚をこしらえる日であった。七日にしたため、棚幡がいつしか七夕に転じたという。もちろん子供たちが七夕飾りを造り短冊に願い事をかくのは何処も変わりないが、この行事も商業主義に支配され話題と言えば平塚の豪華な飾りとその下を歩く人混み、露天商である。

盆棚（オショロダナ）

棚の上には新しいゴザを敷き、祖先の位牌・仏具・盆花・野菜・果物などを供え、ナスとキュウリにオガラを刺して牛馬を造り、棚に置く。さいの目に切ったナスを里芋の葉にのせて鉢に入れ、ミソハギを束ねて時々水を付け、これにかける。さいの目のナスは牛馬の飼葉(かいば)と言われている。

盆の砂盛　辻

盆の入りの十三日に家の入口や、家の前の道端に砂を盛り上げて砂盛を造り、線香を立てて、造花などの花をさし、その脇で迎え火を焚く。

他県ではほとんどないとされ、神奈川県を代表する民俗として捉えられている。自分の家の精霊さんが来るのでなく、帰るところのない精霊さんに休んでいただく所と捉えられている。他県ではないとされているらしいが伊豆にも盆の辻飯という習俗はある。無縁仏、祀(まつ)ってくれる子孫を持たない死者の霊であるが、祀らずそのままにしておくとこの世に害をなすと信じられ、辻つまり道端に設置してそうめんなどを供える。女竹と砂での作りは全く同じ。

辻の構造は女竹中心で、まず四方に太めの竹四本、これが柱になる。壁は校倉(あぜくら)風に女竹を井桁(いげた)に組んで、積み上げる。竹が太いと簡単にできるが中に入れる砂漏れが多くなり、制作者は笑われ作り直すことになる。やはり適当な太さがある。水に浸した砂を詰めて高さを調整して階段を付けて完成。屋上に線香、シキミ、造花の蓮(はす)をさす小さな竹柱を四本立てておく。

制作は子供たちに任された。砂取は、如何に良い砂を確保するか、子供たちの使命であった。辻の砂は人に踏まれた事のない、細かく輝きのあるものと引き継がれてきた。宝永の火山灰が黒く美しく珍重された。ナスで作った牛、キュウリで作った馬を置き里芋の葉にそうめんやうどんをのせて供物とした、

迎え火　十三日夕刻、おがらを焚く。以後、精霊棚の故人へ色々なお供え物をする。

送り火　十六日の野火を送り火と呼ぶ。京都の五山送り火が有名である。十五日に送り火を行うところも多い。また、川へ送る風習もある。川へ送るのは、釜蓋朔日で記したとおり故人が居るとされるのが山や川であるため。今は盆飾りは川に流せないので、自治会の管

理のもと橋のたもとなどに集められ、役所が収集に回ってくれる。

盆山　大山の山頂でご来光を拝んで帰る行事。落語の太山詣はこの日あわせの話、多くは蓑毛から登ったが、賑やかなことが好きな人は伊勢原から登っていた。

お月見〈十五夜　十三夜〉

米を臼でひき団子を作り、団子十五個ススキ五本、十三夜の場合は団子十三個、ススキ三本。膳の上に団子、オミナエシ、ガマズミ、ワレモコウなどを添える。大皿に一丁の豆腐を置いた。豆腐は白壁の蔵が立つようにの願いが込められていた。月見で片方のみを祝うのを片月見といい、忌み嫌われた。

子供たちは五寸釘をヤスリで磨き、竹槍を造り、飾られた団子を突き盗り回ったそうだ。この日の団子泥棒は公然で、咎められることなく、むしろお月さんが食べてくれたと、喜ばれたと聞く。話には聞くことだったが、こんな勇敢な子供に遭ったことがなかった。口がこえ、好みが変わって団子、まんじゅうよりケーキ、クッキーの方が良いらしい。

路傍の石仏

講

山裾を歩き始め路傍(ろぼう)に佇(たたず)む石の碑が多いことに気がついた。石を刻(きざ)むのだから簡単ではない、それなりの理由があるはずだ。

「講」が多い。講は、講話を聞くために集まる人たちの集会のこと、同じ信仰仲間のコミュニティだった。落語の「大山参り」は長屋の人たちが講を組んで旅をする話で、仲間と行った楽しいツアーの思い出話である。楽しいものだから、記念に講名を残して来る。大山の宿坊に講名の表示がいかに多いことか、富士山も御嶽山も変わりない。

その講について秦野市市史編纂室が『丹沢山麓の講習団』なる報告書を出している。その目次にあるだけでも五十五集団ある。具体的に名をあげれば秋葉講、愛宕講、伊勢講、稲荷講、恵比須講、大山講、お日待講などア行だけで十講ある。これだけの地域のグループが年齢差を超えて講を組んだ。

講名はいずれも信仰に関係しているが、信仰祈願もさることながら、村の中で同姓同年代の人が気兼ねなく集まる場、これが良い。夜通し飲み食いをして、おしゃべりしても誰からも嫌みを言われない。

講に参加したら、それが実は楽しい集まりで、村のコミュニケーションの場であった。楽しく、役に立つと評判になり雨後の筍(たけのこ)のように、次から次へと講が誕生した。競うように供養塔、記念碑が立てられ、後世に引き継がれた。時代とともに社会が変わり、生活が変わり、人が変わり、講は自然消滅的になくなった。いまは、一昔前のコミュニケーション手段に誰も関心を示さない。

庚申講

路傍の供養塔で一番多いのは庚申講の石の供養塔だ。道祖神より多い。庚申はもともと中国の風習で、中世のころ日本に伝わり、江戸時代には全国的に広まったようだ。

十二支はカレンダーでおなじみ、子（ね）・丑（うし）・寅（とら）・卯（う）・辰（たつ）・巳（み）・午（うま）・未（ひつじ）・申（さる）・酉（とり）・戌（いぬ）・亥（い）。

正しい干支は十二支だけでなく十干が組み合わされる。

十干とは甲（きのえ）・乙（きのと）・丙（ひのえ）・丁（ひのと）・戊（つちのえ）・己（つちのと）・庚（かのえ）・辛（かのと）・壬（みずのえ）・癸（みずのと）。

組み合わせは十と十二の最小公倍数六十となる。六十で一巡して元に還る。還暦と言うわけだ。よく知られているのが丙午そして庚申、かのえさると読む。

庚申の夜に抜け出して悪さをする虫がいると道教は説く。道教では人の身体の中に三尸の虫がいて、庚申の夜、抜け出して、天に昇って天帝にその人の罪科を告げると説く。これにより、庚申の夜は畏れ慎み、眠らずに過ごさねばならないとされた。三尸の虫とは、上尸は頭の中にいて、老眼、しわくちゃ、白髪にする。中尸は腸にいて、五臓を衰えさせ、悪夢を見させ、飲食を好むという。下尸は足にいて、命を奪い、性を悩ますらしい。嫌な虫だ。

したがって庚申の夜は大勢が一所にこもり通夜するのが一般的となった。とくに男女の同衾（きん）を忌み、この日身ごもった子供は大悪人になると言われた。

夜通し不眠でいるため庚申の夜はよもやま話、昔話や伝説が語り合われる機会だった。そうして地元の昔話が面白おかしく、恐ろしく、そして大げさに語り継がれていった。今この大人の楽しみの一つとされた集まりは消えた。

庚申塔

室町時代末期のころから庚申待ちの供養塔を建てることが流行し始めた。この供養塔は庚申の文字を石碑面に刻んだものが多いが、三猿、すなわち青面（しょうめん）金剛童子の三匹の使い猿を刻んだもの、猿田彦神の像（見ざる・言わざる・聞かざるの三匹の猿）を刻んだものもある。

馬頭観音

これも路傍の石の供養塔である。菜の花台近くの浅間神社に馬頭観音が七基並んでいる。古いものでなく、山の中の方々にあったものを県道整備の時に、ここに集めた。丹沢の山仕事では馬が材木や炭を運んだ。難所では道が凍っていることもあり、馬が滑ってしまうことがあった。馬は農家にとって半身上（はんしんしょう）と呼ぶくらい大事、馬が死ぬと手厚く葬って馬頭観音を立てた。

内山節が、ある会合で聞いた話として馬頭観音を「里という思想」に書いている。

「山の中には時空の裂け目がいくつかあって、この世とあの世を結んでいる。私たちの世界と魔界あるいは原始の世界を結んでいる裂け目だ。この裂け目は、誰かが命を捧げなければ閉じることはない。人間が山で死ぬのは決まってそういう所である。人間にはこの裂け目が見えない。自然界の動物には見えるから落ちることはないし、この避け目を利用し時空を移動する動物もいた。

馬も又これが見えた。この裂け目を放っておけば、何時か誰かが命を落とすだろう。そう考えた馬は、自らその裂け目に身を投じて、人間の身代わりになった。馬が事故死する時はそういう時で、それに気づいた村人がその場所に馬頭観音を立てた」

ルイスの『ナルニア国物語』のように発想がファンタジーで興味深く、群馬県の山村だというその地に関心が湧く。馬頭観音に対する見方が変わってくる。

道祖神

年中行事の稿に既述

お地蔵さん

地蔵菩薩

仏教では、釈迦が入滅して（死んで）から五十六億七千万年後に弥勒(みろく)菩薩が現れ、悟(さと)りを開いて人々を救うと考えられている。しかしそれまでの長い間、人間は六道を輪廻(りんね)しながら、苦しまなければならない。六道とは、地獄道・餓鬼道・畜生道・修羅道・人道・天道のことで、地獄道はその名の通り罪を犯した人の落ちる地獄のこと、餓鬼道は思いやりのない生き方をした人間が行く場所で、食べようとしたものはすべて炎に変わるため、飢えと渇きに苦しまねばならない。畜生道は牛馬と同じ扱いを受ける場所で、修羅道に行った人はいつも怒っており、争いが絶えない。人間道は私たちが今生きているこの世界のこと。天道は天人が住む場所で苦しみはないが、いつか死がやってきて、六道のどこかに転生せねばならない。

これを救うのが地蔵様だ。日本では平安時代以降、地獄を恐れる風潮が強まり、地蔵菩薩への信仰が庶民にも広がった。村のはずれに立つ地蔵が六体あることが多いのも、お地蔵様が六道を巡りながら人々の身代わりとなって苦しみを背負ってくださるという信仰からである。

お地蔵さんの昔話

正直なおじいさんがお地蔵様に助けられ、鬼から宝物を戴く（いただく）「地蔵浄土」も広く知られている。おじいさんが落とした豆を食べてしまったかわりに、お地蔵様は、「もうすぐ鬼がやってくるから私の後ろに隠れ、鶏の鳴きまねをしなさい」と教える。果たして鬼たちが集まってきて博打（ばくち）大会が始まるが、おじいさんが真似た鶏（にわとり）の声を聞いて慌（あわ）てて逃げだしてしまう。そこでおじいさんは鬼たちが残した宝物を手に入れたというのだ。

また、「一つ積んでは父のため、二つ積んでは母のため」と各地に広く伝わる地蔵和讃では、お地蔵様は、賽（さい）の河原原に集まった子供たちを鬼から救ってくださる存在だ。死んだ子供が賽の河原で小石を積み上げようとする。すると風が吹き地中から炎が吹き出て小石の山をくずしてしまう。小さな子が苦しみ泣いていると地蔵菩薩が現れ、手に持った錫杖で崩れた小石をかき集めてやる。お地蔵様が子供そして庶民を守る存在として、広く親しまれてきたのがわかる（子安地蔵）。

イボ取り地蔵、塩なめ地蔵、物言い地蔵などご利益を授けてもらおうとする信仰が結びついて、お地蔵様をより親しみ深く庶民の生活の中に溶け込んでいた。

首が折れていて痛々しい

お地蔵さまが六道にいるみんなを、救済してくれると、あちこちに祀られている。なのに、どうしたわけか、古いお地蔵さんの首はほとんどが折れている。首はあってもセメントで繋いだか、新たな首をのせたもの。痛々しいなぜ？

首なし地蔵さんと廃仏毀釈

明治の初期に起こった仏教を排除しようとする運動が廃仏毀釈である。明治政府は西欧列強に大きく遅れた日本のあらゆる部分を改善し、早く追いつくためには中央集権的で近代的な政府を目指す政策を行った。

その一つが神道を国教とする祭政一致である。この祭政一致の考えは、天皇を中心とする国造りをして官民一丸となり西洋諸国に追いつくことだった。この目的で政府は、神仏分離令やその他大教宣布などの布令で仏教と神道を切り離し、仏教の力をそごうとした。

ところが政府の目論見とは別に、神仏分離令をきっかけに、寺を襲い、そこにある仏教にまつわる様々なものの破壊運動が始まってしまった。

首謀者がいて、破壊を先導したのではなく、行き過ぎた国家神道の思想を持った人たち、いつの時代にもいる歪(ゆが)んだ正義感で動く人たち、節操なく付和雷同する人たちが運動の中心だった。この人たちにより、日本史上最悪の蛮行、愚行といわれた廃仏毀釈がすすめられ、ごく短期間で寺や仏像などが壊され、仏壇仏具が破壊された。お地蔵様に首なしが多いのはこのためである。

日本史上最悪の蛮行の結果

しかし、この政策には無理があった。神道の本質は「八百万(やおよろず)の神々」である。神々同士が、また、それぞれの神様を信じている人同士が、どちらかを滅ぼすまで戦わないで共存し続ける多神教である。それを天皇中心の一神教的な体裁に整え国家神道として、欧米の強力な一神教国と渡り合おうとした。仏教は邪魔であった。

この宗教政策の迷走が生んだ廃仏毀釈運動の結果は悲惨だった。全国の寺院の半数が消え一千年以上もの歴史を持つ重要な文化財が破壊され、また海外に流出した。分離令は過酷に実施され少なくとも社寺を中心とした表面的なものに対して分離は断行された。

しかし、一般大衆の生活と心情に根ざした神仏の習合、融合までは分離することは出来なかった。ちなみに、一神教は、正しい神はただ一つで、後はニセ者とする宗教で、ユダヤ教、キリスト教、イスラム教いずれも中東の砂漠地域で成立している。一神教は伝播力が強く、多神教は吸収力が強い。いろいろな神や仏が入り込んでも、どんどん取り組んで現地化してしまう。本書のあちこちに出てくる習合がそれだ。

参考文献

●梅原　猛「古代日本を考える」（集英社　1984）「怨霊と縄文」（徳間文庫　1985）「古事記」（学研文庫2001）
●司馬遷「史記　乱世の群像」（徳間書店　1972）
●安田喜憲「大河文明の誕生」（角川書店　2000）古代文明の興亡（学研文庫　2002）「東西文明の風土」（朝倉書房　1999）
●三浦裕之「口語訳　古事記」（文芸春秋社　2002）
●吉田一彦「日本書紀の呪縛」（集英社　2016）
●渡邊昇一「日本史から見た日本人　古代編」（祥伝社　1989）
●中沢新一「精霊の王」（講談社　2018）
●古部族研究会「古代諏訪とミシャクジ祭政の研究」（人間社文庫　2017）
●羽田武栄・広岡純「真説徐福伝説」（三五館　2000）
●上田春平「神々の体系」（中公新書　1972）
●平野仁啓「日本の神々」（講談社　1982）
●ＮＰＯ法人自然塾丹沢ドン会「名古木の自然」（夢工房　2003）
●岡　進「ドンドンのフンババ大作戦　森の動物たちの反乱　Ⅱ」（夢工房　1994）
●谷川健一「日本の神々」（岩波書店　1990）

●久保田展弘「日本宗教とは何か」（新潮選書　1994）
●逵日出典「神仏習合」（六興出版　1986）
●日本古典集成「世阿弥芸術論集」（新潮社　1976）
●柳田國男「定本　柳田國男全集」（筑摩書房　1971）
●神奈川県「復刻　中郡勢誌　」（東京印書館史誌センター　1977）
●底本国立国会図書館「完全復刻版　新編相模国風土記稿」（千秋社　1888）
●神奈川県「丹沢大山学術調査報告書」（神奈川県　1964）
●秦野郷土文化会「実朝と波多野」（夢工房　1988）
●吉本隆明「日本詩人選　源実朝」（筑摩書房　1971）
●中野孝次「実朝考」（講談社　2000）
●湯山　学「波多野氏と波多野荘」（夢工房　1996）
●中野敬次郎「近世小田原ものがたり」（小田原文庫　1978）
●小和田哲男「戦国大名北条家の歴史」（吉川弘文館　2019）
●日本の名山「丹沢」（博品社　1997）
●直良信夫「秩父多摩丹沢」（武蔵書房　1972）
●益井邦夫「三浦乾也」（里文社　1992）
●前田夕暮全集（角川書店　1972）
●秦野市　「秦野市史（通史1～3　資料編、別巻民俗編）1990～

●秦野市「秦野の水」（秦野市水道局　1982）
●秦野市「ふるさと探訪」（ぎょうせい　1985）
●京谷秀夫　宮崎利厚「神奈川の道祖神」（神奈川新聞社　1979）
●日本の神　別冊太陽（平凡社　1990）
●日本の石仏（太陽社　1979）

あとがき

新型コロナウイルスの感染再拡大は春を上回るペースで進み、経済も政治も底なし沼に喘いでいる。いつ終息するか見通しもたたない。今朝の新聞は一面で大きく「米欧景気、停滞再び」と報じた。秋の終わり、限時点ではワクチンも治療薬の開発の朗報はない。間もなく中国湖北省武漢市を中心に発生したこの感染症は一年を経過しようとしている。成長エンジンが止まった資本主義社会、エンジンは逆回転をするのか、あるいは一過性ですむのかどうか、読者は既にご存じかもしれない。この「あとがき」は底なし沼状況下、現在進行形で書いており、著者に取っては未来のこと、違っていてもお笑いめさるな。

山麓の秦野の町がいち早く上水道建設に着手したのもこの忌まわしいパンデミックがらみであった。分不相応（ぶんふそうおう）、と揶揄（やゆ）されながら計画事業は進められた。計画申請の前年は日本のコレラ感染者は十六万人、死者十一万人、病院は患者であふれ棺おけ山を成していたと内務省衛生局は記している。この町は江戸期にもコレラにやられていた。コレラはインド周辺の風土病だった。そのグロバリーセーションたるや鎖国の日本に忍び込み、町民を恐怖のどん底に陥れ、ころっと人を殺すコロリ菌と恐れられた。

コロナも、サーズもマーズもそしてペストも元を正せば森の中に棲(す)んでいた。そっとしておけば良いものを天敵のフクロウやオオカミを殺戮(さつりく)したためネズミが大増殖しペスト菌を運んだ。コウモリを自然宿主としたコロナウイルスは、中間動物であるハクビシンやヒトコブラクダを介して人間に入り込んだ。彼らも生き残るために必死である。人間は万物の支配者などと威張っておれない状況だが本文にあるように人類の生き様は、傲慢(ごうまん)の歴史でもある。その思い上がった人類の痛いところを侵入者は突いた。リスクであるとされていた資本主義社会の成長エンジンであるグローバリゼーションがやられた。経済の合理性のみを追求してきた社会は脆弱だった。

社会が漠然(ばくぜん)とした不安に駆られながら、見通しが付かないで喘(あえ)いでいる晩秋の一日、山裾の野道をぶらりと歩いた。西田原の八幡社裏から堀切道を登り尾根の東側に出た。かつて大藤氏が見下ろし信玄や謙信を見張っていた地、さらに遡れば開発領主波多野氏、田原藤太秀郷の四代ぐらい後だろうか経秀あたりが馬を駆っていた地、今はミカン畑の山裾に長閑(のどか)な風景が広がり、不思議な安らぎがあった。頭上を吹き抜けて行った風にスズタケの藪(やぶ)がざわめいた。踏みしめる大地の息吹、吸う空気と香り、全てが優しい。都人(みやこびと)に東夷(あづまえびす)と蔑(さげす)まれた時代もあった。

草陰の野仏に出会い、微笑みかけているので「こんな所にいたのか、元気?」と声を掛けたくなり、周囲を見回した。この思いは何か？　頭をよぎったのが同調、仲間意識、同じ記憶、歴史を持つ、価値観を共有できる仲間である。この種類の書籍を書く人なら共同体意識とするかもしれない。受ける印象が旅先の寺や美術館で見る仏様とは違う。野仏だけでなく山、川、畑、森などいわゆる風土がみなそのように見えてきた。丹沢の山懐に抱かれていることの仲間意識、共同体意識がくすぐるようだ。長閑な風景、不思議な安らぎはこの意識に生じているに違いない。大切にしなければならない。ここでは西洋の人間中心主義が切り離したはずの「自然」が、全く離れていない。

経済成長とともに都市化が進み、比例するように共同体は希薄になった。しかし、集落の起こり、始まりから共同体とともにその歴史を積み重ねてきた風土は、今の人にも温かく誰にも優しい。願わくはいつまでも続いて欲しいと思うが今の世の中、環境を維持するのは簡単ではない。地球規模の気候変動、とりわけ海水温の上昇による台風の巨大化、異常降雨は恐るべきものがある。

どうして、こんな困ったことになってしまったのか。既知のリスクが禍（わざわい）をもたらすことを黒い象というようだが、際限なく利潤を求める資本主義が格差、分断だけでなく民主主義そして文明までおかしくしてしまった。

本書は長い間、自分の頭に入力し続けた情報のうち郷土、風土のファイルを出力し、想像力を膨らませ戸川の縄文人から書き始めた。囲炉裏端（いろりばた）での昔話、庚申講（こうしんこう）のような講での夜を通しての昔語りがないのだから、爺としてはひとり言を吐（は）き、語り継がねばなるまい。

読み直してみると豊かさとは何か、庶民の幸せとは何かを改めて考えてしまう。人類は進歩と共に豊かになるはずだった。経済成長が進めば、いつかみんな豊かになると信じてきた。果たして豊かになったのか。実感できないのは、足るを知らないからだけではあるまい。世の中、困ったことが溢れている。

気候変動、パンデミックは人間の驕りに対する自然のしっぺ返しだろう。地球環境を危機に陥れた資本主義は賞味期限が近づいている。とはいえ危機は乗り越えなければならない。はてさて、別の道はどこにある。脚下を見つめ直す参考書に本書がなれば良い。私たちには同調、共に感動できる仲間、風土、丹沢山麓という郷土がある。

今回もまた夢工房にお世話になった。片桐務社長のご支援、ご厚情に対して末筆ながら厚くお礼申し上げる。

二〇二〇年　晩秋　　　岡　進

はだの風土記

二〇二一年三月三十日　初版発行

定価　本体価格一六〇〇円＋税

著者　岡　進©

発行　夢工房
〒257-0028　神奈川県秦野市東田原二〇〇-四九
TEL（0463）82-7652　FAX（0463）83-7355
Eメール：yumekoubou-t@nifty.com
http://www.yumekoubou-t.com
2021 Printed in Japan
ISBN978-4-86158-096-3　C0021 ¥1600E